PERFIS
NACIONAIS

MARIO DE MORAES

PERFIS
NACIONAIS

Dados Internacionais de Catalogação na Publicação (CIP)
(Câmara Brasileira do Livro, SP, Brasil)

Moraes, Mário de
Perfis nacionais : 4 / Mário de Moraes. —
São Paulo : LTr, 2006.

ISBN 85-361-0868-1

1. Biografias — Século 20 2. Celebridades —
Brasil I. Título.

06-5994   CDD-920.081

Índices para catálogo sistemático:

1. Brasil : Personalidades ilustres : Biografia :
   Coletâneas   920.081
2. Personalidades ilustres : Biografia :
   Coletâneas : Brasil 920.081

(Cód. 3329.9)

© Todos os direitos reservados

EDITORA LTDA.

Rua Apa, 165 - CEP 01201-904 - Fone (11) 3826-2788 - Fax (11) 3826-9180
São Paulo, SP - Brasil - www.ltr.com.br

Agosto, 2006

ÍNDICE

Apresentação	9
Assis Chateaubriand	11
Francisco Alves	25
Getúlio Vargas	37
Juscelino Kubitscheck	47
Luiz Gonzaga	59
Mané Garrincha	71
Manuel Bandeira	81
Olavo Bilac	93
Papa João Paulo II	105
Paulo Machado de Carvalho	115
Rachel de Queiroz	127
Villa-Lobos	141

APRESENTAÇÃO

Este é o quarto volume da série **Perfis** de brasileiros ilustres já desaparecidos que nos legaram edificantes lições de vida

Como nos volumes anteriores, trata-se de minibiografias de autoria do grande jornalísta Mario de Moraes, que foi um dos nossos maiores repórteres e cuja farta e variada produção literária, não interrompida até hoje, inclui mais de 200 minibiografias.

O interesse com que a iniciativa foi recebida leva a LTr Editora a prosseguir nela, convencida da importância da divulgação de textos breves, bem escritos e bem apresentados graficamente, sobre homens e mulheres cuja existência merece atenção especial.

Além do interesse geral que decerto continuarão despertando, os **Perfis** contêm saudosas lembranças para pessoas de mais idade e sem dúvida servirão de exemplos para os jovens. Em ambos os casos a iniciativa se enquadra em programas voltados para esses dois grupos.

A letra do texto, um pouco maior do que de costume, não só torna a leitura fácil e cômoda mas permite avançar rapidamente nela e assim reforça o interesse por livros.

A idéia é apenas publicar minibiografias de grandes brasileiros. Entretanto, há exceções que se impõem. Neste volume a exceção essencial é o saudoso Papa João Paulo II.

Celso Barroso Leite
Rio, junho de 2006

Assis Chateaubriand

O incomparável

No dia 4 de abril de 1968, às 21h30, falecia na cidade de São Paulo um dos mais polêmicos jornalistas brasileiros: Francisco de Assis Chateaubriand Bandeira de Mello. Para a maioria dos que trabalhavam para ele, Dr. Assis. Para os mais íntimos, apenas Chatô.

Figura das mais controversas, amado por uns poucos e odiado por muitos, embora passível de duras críticas, Assis Chateaubriand deixou algumas obras que, se não o absolvem, pelo menos diminuem a sua culpa. Suas campanhas para a fundação de aero-clubes e postos de puericultura pelo Brasil afora dificilmente serão esquecidas. E é forçoso associar o seu nome ao Museu de Arte de São Paulo (MASP), que detém a mais valiosa coleção de arte do Hemisfério Sul e é o único museu de Primeiro Mundo na América Latina.

De como comprar obras de arte

É bem verdade que, de acordo com os que o criticam, a maioria daquelas obras foi adquirida de forma não convencional, na base da chantagem. A coisa funcionava mais ou menos desta maneira: Chatô, por intermédio de *experts* em artes plásticas (um deles, Pietro Maria Bardi, ajudou-o a montar o MASP), localizava quadros ou esculturas de gente famosa, que estavam à venda ou iam à leilão. Se a obra lhe interessasse, ordenava ao seu representante, no país da venda ou do leilão, que a comprasse ou arrematasse. O passo seguinte era conseguir um patrocinador para a compra.

Proprietário de poderosa e temida cadeia de jornais, rádios e televisões, denominada **Diários e Emissoras Associados**, Chateaubriand tinha um poder que dificilmente será igualado na imprensa brasileira. Aquele que o desgostasse sabia que seria implacavelmente atacado, uma vez que toda a mídia **Associada** seria jogada em cima dele. Trabalhamos 23 anos para o Dr. Assis e vimos isso acontecer diversas vezes.

No caso das obras de arte, Chateaubriand quebrou a cara apenas uma vez. E isso de forma relativa, pois deu o troco e quase termina com a vitoriosa carreira de um empresário. Uma vez adquirido o quadro ou a escultura, o Dr. Assis escalava um dos seus conhecidos (não cabe aqui a palavra amigos) e mandava que ele pagasse a conta. Receoso, o escolhido preenchia o cheque. Quando chegou a vez de José Ermírio de Moraes, o caldo azedou. Zé Ermírio devolveu-lhe a fatura, mandando dizer que ele construísse o museu às suas próprias custas. Pra quê! Furioso, Chateaubriand, que assinava uma muito lida seção no carioca **O Jornal** – órgão-líder dos **Associados** – mandou brasa, desancando sem dó nem piedade o empresário paulista. A coisa chegou às raias do absurdo. Num de seus artigos, o Dr. Assis afirmou que Zé Ermírio era filho de Antonio Silvino, um cangaceiro do Nordeste.

É claro que essa forma desonesta de agir não merece aplausos. Nem cinicamente diremos que os fins justificam os meios. O fato, porém, é que, graças a uma dúzia de milionários, Chateaubriand conseguiu juntar valiosíssima coleção de obras de arte.

A grande tacada

Nós acompanhamos o Dr. Assis em algumas de suas viagens. E vamos lembrar um fato dos mais interessantes, acontecido quando da inauguração de um aero clube, numa cidade do interior nordestino. O município ficava às margens do rio São Francisco. Chegou a hora de batizar o teco-teco com champanhe. A madrinha do evento era dona Darcy Vargas, esposa do presidente Getúlio. Irani, uma espécie de secretário particular do Dr. Assis, esquecera a garrafa no hotel, a muitos quilômetros de distância. Ele nos revelou o fato, mas tremia só de pensar no que lhe aconteceria se o patrão soubesse.

Homem humilde, de pouca cultura, Irani correu até a margem do rio, apanhou uma enferrujada lata e a encheu com água do São Francisco.

– Dr. Assis, às margens do São Francisco, o batismo se faz com a água do rio.

O "velho capitão"– como o batizou o repórter David Nasser – exultou:

– Muito bem, meu filho!

E entregou o imundo vasilhame a dona Darcy Vargas, que despejou seu conteúdo na hélice do teco-teco.

Seu primeiro diário : O Jornal

Chateaubriand nasceu no dia 5 de outubro de 1892, na cidade paraibana de Umbuzeiro. Filho de um funcionário da Alfândega, foi obrigado a trabalhar desde cedo, para custear os estudos. Precoce, aos 14 anos já era jornalista, trabalhando no **Diário de Pernambuco**. Aos 23, formado em Direito, venceu o concurso para a cátedra de Direito Romano da Faculdade de Direito do Recife. Em 1913 ocupava o cargo de redator-chefe daquele diário pernambucano e em 1917 mudava-se para o Rio de Janeiro.

Possuidor de vasta cultura, não foi difícil, para Chateaubriand, conseguir um bom cargo na então capital do País: consultor jurídico do Ministério das Relações Exteriores. O jornalismo, no entanto, continuava circulando em suas veias. Por isso passou a escrever para vários jornais, como o **Correio da Manhã** e o **Jornal do Commércio**. Seus vibrantes artigos sobre política internacional terminaram por chamar a atenção do conde Pereira Carneiro, proprietário do **Jornal do Brasil**, que convidou Chateaubriand e este aceitou o lugar de redator-chefe do matutino.

O Dr. Assis, no entanto, queria ser patrão. Por isso em 1924 com o seu e dinheiro emprestado, adquiriu o **O Jornal**, que daria início a um poderoso império, formado por uma cadeia de veículos de comunicação que chegou a 34 jornais, 25 emissoras de rádio, 18 de televisão, 18 revistas e duas agências de notícias. Guardadas as proporções, pois os tempos não podem ser devidamente comparados, os **Diários e Emissoras Associados** eram bem mais poderosos do que é hoje a **Rede Globo**.

Foi Chateaubriand quem trouxe a televisão para o Brasil, com a inauguração, em 1949, da **TV Tupi** de São Paulo, seguida, em 1950, da **TV Tupi** do Rio. Entre suas revistas pontificava **O Cruzeiro**, que chegou a vender quase 800 mil exemplares em banca, quando a população brasileira era de pouco mais de 50 milhões de pessoas.

Duas vezes senador

Uma contradição. Chateaubriand não permitiu, durante muito tempo, que seus colaboradores se metessem em política, pois acreditava que isso prejudicaria a imparcialidade das notícias. Mas foi ele mesmo que quebrou essa regra, elegendo-se senador por duas legislaturas. Em 1952, pela Paraíba, sua terra natal, e na eleição seguinte pelo Maranhão.

Por diversas vezes Chateaubriand bateu de frente com Getúlio Vargas. Mas as desavenças entre os dois tinham vida curta, já que o proprietário dos **Associados** precisava do apoio do ditador para seus negócios. Em 1954 Chateaubriand foi eleito para a Academia Brasileira de Letras, justamente na vaga deixada por Getúlio.

Os escandalosos cadernos de Irani

Falamos em Irani. Pena que ele também já tenha morrido, pois não existiu ninguém, por mais íntimo que fosse do Dr. Assis, que o conhecesse tão bem. Irani Bastos era contínuo de **O Jornal** quando caiu nas graças do patrão. Foi transformado, então, da noite para o dia, no *valet de chambre* do Dr. Assis. E com o dono dos **Associados** correu quase todo o mundo, gozando da intimidade das maiores personalidades, muitas delas bajulando-o para obter as graças de Chateaubriand.

Certa ocasião, na famosa Casa Amarela, à Rua Polônia, 550, na cidade de São Paulo, onde muito doente o Dr. Assis passou seus últimos anos, Irani nos contou que, durante todo o tempo em que vinha convivendo com ele anotara em diversos cadernos o que ia acontecer. Nos cadernos havia toda sorte de escândalos – inclusive sexuais –, muitos deles envolvendo políticos e empresários conhecidos, além de mulheres da alta sociedade, que tinham transado com o seu patrão. Tentamos de todos os modos ler essas confidências, mas Irani não nos deixou ver os valiosos cadernos.

Quando Irani faleceu, soubemos que sua família os queimara.

Mulheres na cama

Mas alguma coisa soubemos, em noite de confidências, quando dirigíamos a sucursal da revista **O Cruzeiro** em São Paulo. Irani nos contou que o patrão, apesar de quase totalmente paralítico, não raramente solicitava a presença de uma bela mulher ao seu lado na cama. Muitas delas, senhoras casadas, pernoitavam na Casa Amarela com o consentimento dos próprios maridos, que precisavam do apoio dos **Associados**.

David Nasser era o mais famoso repórter da revista **O Cruzeiro**. Ele formava dupla com Jean Manzon, um excelente fotógrafo francês. Os dois já faleceram. Corria à boca pequena que Chateaubriand se valia de David para montar suas negociatas. Pouco antes da morte do Dr. Assis, o ex-presidente Juscelino Kubitschek nos disse que só tinha mágoa de um jornalista, justo o David. E citou um artigo que este escrevera naquele semanário, intitulado "O canalha Juscelino". Contou-nos JK que, ao tempo em que era presidente da República, o Dr. Assis queria uma grande quantia emprestada do governo federal, mas não o atendeu. Daí os violentos ataques de David Nasser. Juscelino não confirmou, mas soubemos que ele acabou entregando os pontos e a violenta campanha terminou.

A Ordem idiota do Jagunço

Um dos prazeres do Dr. Assis era humilhar gente rica ou importante. De certa feita, em 1943, ele criou por pândega uma tal de Ordem do Jagunço, inaugurando sua sede na cidade paraibana de Catolé do Rocha. Os agraciados com a ridícula comenda recebiam uma medalha e participavam de inusitada cerimônia. O Dr. Assis colocava-lhes a ponta de um punhal sobre os ombros e obrigava-os a fazer um juramento. Muita gente graúda entrou nessa.

Por incrível que pareça, Winston Churchill, o grande estadista inglês, se prestou a esse papel idiota. Em 1957, usando de todo o seu prestígio, o dono dos **Associados** conseguiu ser nomeado embaixador do Brasil na Grã-Bretanha, desmoralizando, para horror dos diplomatas ingleses, tudo que era cerimonial.

Luciano Carneiro, repórter de **O Cruzeiro**, que foi a Londres registrar a entrega das credenciais, contaria mais tarde que o Dr. Assis passara um bom tempo trancado numa sala com a rainha Elizabeth. Do lado de fora, impedido de entrar, Luciano ouvia perfeitamente as risadas da soberana. Quando Chateaubriand saiu, o repórter quis saber o que acontecera lá dentro e o embaixador explicou:

– Eu contei algumas anedotas de papagaio para ela.

Uma máquina de escrever especial

Nós duvidávamos que o Dr. Assis pudesse realmente escrever seus artigos e discursos depois que ficara paraplégico, em virtude de dupla trombose cerebral que o acometera em 27 de fevereiro de 1960. Mas tivemos oportunidade de vê-lo, em sua casa paulistana, "datilografando", com um só dedo e pacientemente, seus trabalhos numa máquina elétrica fabricada especialmente para ele. Como as teclas eram muito sensíveis, o Dr. Assis cometia muitos e involuntários erros. Aí entrava em cena, em São Paulo, a jornalista Margarida Izar, que copidescava a matéria. No Rio, esse trabalho era feito pelo jornalista José Chamilete, já falecido, que foi diretor-responsável do carioca **Jornal do Commercio**.

Após o falecimento do Dr. Assis, os **Diários e Emissoras Associados**, pejados de dívidas, foram quase totalmente à ruína. Restaram uns poucos veículos. Atualmente a direção do Condomínio Associado vem tentando salvar o que sobrou. Entre os jornais, o **Correio Braziliense**, do Distrito Federal; **O Estado de Minas**, de Belo Horizonte e o **Diário de Pernambuco**, de Recife. Entre as rádios, a **Tupi**, do Rio de Janeiro.

Chatô, o homem

A vida particular de Assis Chateaubriand foi tão tumultuada quanto a profissional. Em agosto de 1915, Chato associou-se a um escritório de advocacia de Recife, passando a trabalhar nele em tempo integral. Foi quando tomou conhecimento de que, em 1º de maio daquele ano, tinham sido abertas as inscrições para o concurso de professor de Filosofia do Direito e Direito Romano da Faculdade de Direito do Recife, e resolveu candidatar-se ao cargo. Nessa mesma ocasião ele passou a namorar Maria da Penha Lins de Barros Guimarães, mais conhecida como Poli. Considerada uma das moças mais bonitas e elegantes de Recife, ela era amiga de importantes intelectuais da época, como Manuel Bandeira, José Lins do Rego e Gilberto Freyre. Os rapazes a assediavam, mas ela terminou ficando noiva de Chateaubriand. Envolvido com os estudos para o concurso e atolado em inúmeros problemas, Chateaubriand, como era de seu feitio, lá um certo dia, intempestivamente, foi à casa de Poli e rompeu o noivado, deixando-a aos prantos.

Chatô noivou novamente em 1924, mas por um curto período, com uma francesa, Jeanne Paulette Allard. E, como fizera com Poli, desmanchou o noivado às vésperas do casamento. Desiludida, ela voltou para a França, levando um filho de Chatô na barriga. Na França, o primeiro filho homem de Chateaubriand, nascido em Paris em maio de 1925, foi batizado como Gilbert (no Brasil ele virou Gilberto). Chatô prometeu aos pais de Jeanne que se casaria com ela no menor prazo possível, o que não aconteceu. E levou alguns anos para reconhecer Gilberto como seu filho legítimo.

Por isso os amigos de Chateaubriand acharam que era uma pilhéria quando ele anunciou, pela terceira vez, que ia casar-se. Desta vez a eleita era Maria Henriqueta Barroso do Amaral, uma jovem muito bonita, de 21 anos de idade, filha do juiz Zózimo Barroso do Amaral. O casamento, na maior simplicidade, aconteceu realmente na data marcada. Em 1927 Maria Henriqueta ficou grávida e deu à luz um menino, batizado Fernando, filho de seu único casamento oficial.

Assis Chateaubriand nunca foi fiel às suas mulheres, pulando como um garanhão de uma para outra. Até que um dia deu de cara com uma linda adolescente, por quem se apaixonou de imediato. Ela chamava-se Cora Acuña e tinha 15 anos de idade! Embora estivesse com 41, Chatô não levou isso em conta. Cora, que era uma atriz em início de carreira, chegara de Buenos Aires em companhia da avó, Cláudia Montenegro, dançarina de boates de segunda categoria. Chatô cobriu-a de custosos presentes e retirou-a da humilde moradia em que vivia, colocando-a, com a avó num imenso casarão da Rua Brigadeiro Luís Antônio (SP).

Cora engravidou e deu-lhe uma filha, batizada Teresa. A maioria dos biógrafos de Chateaubriand acredita que ele nunca amou verdadeiramente, possuindo apenas um incrível desejo sexual. Tanto que, no dia 11 de abril de 1934, quando soube que Corita – como a chamava – dera à luz em casa a uma linda menina, nem se abalou. Como não fossem casados, Teresa foi batizada como " Teresa Acunha, filha de Cora Acunha." O Acunha aportuguesado.

Chateaubriand, ao contrário do que acontecera com os seus dois filhos varões, apegou-se à Teresa, tomando-se de amores pela filha. E aí conta-se uma história digna de um romance policial. Certo dia, quando ele chegou à sua residência em Copacabana

– conhecida como Vila Normanda –, encontrou-a vazia: Corita se mandara com Teresa, então com sete anos, e um homem que Chatô desconfiava que era amante de sua mulher.

Acompanhado por seu segurança particular – um bruta homem, chamado Amâncio dos Santos – e vários *cabras*, convocados para aquela ilegal façanha, todos bem armados, Chato invadiu o sítio onde Corita estava escondida. Além de Amâncio e os *cabras*, à frente do grupo seguia Leão Gondim de Oliveira, primo de Chateaubriand, que viera de Recife para administrar a revista **O Cruzeiro**, pertencente às **Emissoras** e **Diários Associados** de Chatô.

O grupo, para amedrontar os que estavam dentro da casa do sítio, fez vários disparos de arma de fogo. Chatô entrou na casa com seus capangas, arrancou Teresa dos braços da mãe e a colocou no banco traseiro do seu Cadillac, entre ele e Amâncio. Cora quis segui-lo, mas os *cabras* a dissuadiram, dando alguns tiros em sua direção.

Do sítio foram para a pista da Ponta do Calabouço – onde, mais tarde, seria construído o aeroporto Santos Dumont – e entraram no avião Raposo Tavares, de Chateaubriand, com destino a São Paulo.

A batalha pela posse de Teresa, no entanto, levou tempo na Justiça. Chateaubriand acusava a mulher de devassa – o que ela não era –, argumentado que uma pessoa leviana como Corita não podia criar sua filha.

Em 24 de setembro de 1942, no artigo primeiro de um decreto assinado por Getúlio Vargas, admitia-se que "o filho havido pelo cônjuge fora do matrimônio pode, depois do desquite, ser reconhecido ou demandar que se declare sua filiação". Chateaubriand, entusiasmado, contratou um bom advogado e conseguiu desquitar-se de Maria Henriqueta. Com isso, ele registrou novamente a filha, desta vez colocando na certidão de nascimento: "Pai: Francisco de Assis Chateaubriand Bandeira de Mello; mãe: Cora Acuña". Graças novamente a Getúlio Vargas, Chatô conseguiu que, em 21 de janeiro de 1943, o Presidente assinasse um novo decreto que, em seu artigo 1º dizia: "O filho natural, enquanto menor, ficará sob o poder do progenitor que o reconheceu e, se ambos o reconheceram, sob o do pai, salvo se o juiz entender doutro modo, no interesse do menor."

Essa canalhice ficou juridicamente conhecida como "Lei Teresoca". Chatô requereu e obteve o pátrio poder e a guarda de Teresa, conseguindo que a Justiça determinasse um tutor permanente para ela, o seu amigo e juiz Orozimbo Nonato, em cuja casa Teresa viveu até os 18 anos.

Francisco Alves

O rei da voz

"Chico Viola morreu!" Como fogo em capim seco, a notícia espalhou-se rapidamente pelo País e as rádios passaram a noticiar o infausto acontecimento praticamente o dia inteiro. Aos poucos foram sendo conhecidos os detalhes do desastre. Era um sábado, dia 27 de setembro de 1952. Francisco Alves, na época o mais popular dos cantores brasileiros, vinha de São Paulo para ao Rio, dirigindo o seu *sedan* Buick, modelo 1950 – que constituía o seu orgulho –, quando, entre Taubaté e Pindamonhangaba, perto de uma localidade chamada Uma, seu carro chocou-se violentamente com um caminhão. Eram 17 horas e 23 minutos.

A explicação mais aceita para a batida é que Chico Viola – como Francisco Alves era popularmente conhecido – não pudera evitar o acidente. O cantor deixara o Rio na sexta-feira de madrugada, fizera um show em São Paulo e voltava à então capital do País, acompanhado por um amigo, o jovem Haroldo

Alves. Chico devia, inclusive, estar cansado e sonolento ao volante.

Testemunhas contaram que o culpado fora um automóvel de cor preta, que cortara bruscamente a frente de um caminhão. Para evitar a batida, o motorista do caminhão fizera uma brusca manobra, passando para a outra pista e pegando de frente o Buick de Francisco Alves, que capotou e incendiou-se.

Haroldo Alves foi jogado a distância mas, embora bem ferido, sobreviveu. Chico Viola morreu instantaneamente e seu corpo, totalmente carbonizado, foi encontrado na traseira do carro incendiado.

Terminava ali, de forma dramática, a carreira daquele que, sem nenhum exagero, foi para a música popular brasileira o mesmo que Carlos Gardel para a Argentina.

O povo chorou a sua morte

O Rio de Janeiro assistiu a enterros monumentais, como os de Carmem Miranda e Getúlio Vargas. O de Francisco Alves não ficou a dever a nenhum deles.

Seu corpo foi entregue a uma caravana de colegas da Rádio Nacional, chefiada pelo locutor Aurélio de Andrade, que saíra do Rio em direção ao local do acidente. Em todo o trajeto, até a chegada à capital, o povo, ocupando os dois lados da estrada, jogava flores em cima do féretro. A urna funerária foi velada no saguão da Câmara Municipal do Rio de Janeiro, das 18 horas de domingo às 11 horas de segunda-feira, e por ela passaram milhares de pessoas, que formavam imensas filas e desejavam dar o último adeus ao seu ídolo. A maioria chorava e muitas desmaiaram.

Nós já éramos repórteres naquela época e pudemos testemunhar que até então nunca se vira algo semelhante. O caixão de Francisco Alves, transporta-do numa carreta do Corpo de Bombeiros, levou três horas para chegar ao Cemitério São João Batista, num percurso que levaria no máximo vinte minutos.

Uma imensa quantidade de carros e milhares de pessoas a pé acompanharam o enterro. À beira do túmulo, as crianças da Casa de Lázaro cantaram a música que Francisco Alves lhes dedicara.

Um menino da Saúde

Quem era, afinal, esse tão querido personagem? Os mais idosos por certo se lembrarão dele. Para os mais novos informamos que Francisco Alves nasceu no dia 19 de agosto de 1898, na carioca Rua do Acre (então Rua da Prainha), no bairro da Saúde, Rio de Janeiro, na época um local barra-pesada, freqüentado pelos piores facínoras, boa parte deles comandada pelo perigoso assaltante Camisa Preta.

Seu pai, José Alves, era um comerciante português, dono de um botequim localizado bem em frente à sua casa. Dizia-se músico e, nas horas vagas, gostava de tocar bombardino. Viajara para o Brasil sozinho. Depois mandara buscar em Portugal a esposa, Isabel, e a primeira filha, Ângela. Aqui o casal teve mais quatro filhos: Francisco, José (apelidado Juca, também cantor), Lina (que adotaria o pseudônimo de Nair Alves) e Carolina.

Em homenagem ao avô paterno, Chico foi batizado como Francisco de Moraes Alves. Sua infância foi igual à de todos os outros meninos do seu tempo e da sua classe social. Nas suas primeiras lembranças surge a imagem do seu primeiro amor, justo a sua primeira professora: "Chamava-se Odete e era linda. Morena de olhos profundos e negros, andava pelos trinta anos, mas, não sei porque, desde a infância inclinei-me para as mulheres balzaqueanas."

Aos 9 anos mudou-se com a família para a Rua Evaristo da Veiga, no Centro da cidade. Por essa época costumava assistir aos ensaios da banda de música do batalhão da Polícia Militar, que ficava próximo à sua casa. E já cantava, sua voz sendo muito elogiada por todos.

Chico menino, no entanto, queria ganhar seu próprio dinheiro Por isso, empregou-se como engraxate, sem que o pai soubesse. Este, que desejava formá-lo guarda-livros, um dia o pegou em flagrante. Apavorado, o guri, com receio de levar uma surra, fugiu e resolveu não voltar para casa. Foi quando conheceu três meninos de rua, com os quais formou um conjunto ("os moleques faziam o acompanhamento rítmico") e passou a cantar para os passantes. Logo no primeiro dia a "arrecadação" foi boa: 12 vinténs.

O pequeno Francisco, no entanto, não agüentou a saudade e voltou para casa, para alívio da mãe desesperada. Em 1916, com 18 anos, empregou-se numa fábrica de chapéus, na carioca Mangueira. Ficou nela quase um ano. Em 1918 iniciou a carreira artística, cantando no Pavilhão do Meyer. Daí foi, com os donos do espetáculo, para o Circo Spinelli. Aconteceu, então, a terrível gripe espanhola, que matou milhares de brasileiros – inclusive seu irmão José – e Chico teve que interromper suas atividades de cantor.

A Ceci da pensão

O pai de Francisco Alves morreu em 1919 e as irmãs se casaram e foram embora. Ele passou, então, a morar em companhia da mãe. Em outubro daquele ano foi convidado a gravar seu primeiro disco pela gravadora Popular, recém-fundada. A "bolacha" tinha, de um lado, a música "Pé de Anjo" e, do outro, "Fala Meu Louro", ambas de Sinhô (José Barbosa da Silva, 1888-1930), que o acompanhou na gravação. O disco foi lançado no Carnaval de 1920. Na mesma Popular, que duraria menos de um ano, Francisco Alves gravou mais três discos.

Naqueles ontens era muito difícil viver do canto. Por isso, em 1920, Francisco Alves foi trabalhar como motorista de táxi. Mas aproveitava as noites para se apresentar em teatros, recebendo 5 mil-réis por espetáculo. Boêmio, freqüentava assiduamente as "pensões" do bairro carioca da Lapa. E foi numa delas que conheceu e se apaixonou por Perpétua Guerra Tutoya, cujo nome-de-guerra era Ceci, e terminou se casando com ela. A família de Chico era contrária ao casório. E acabou tendo razão, pois ele durou pouco e foi um fracasso.

Muitos anos depois, Chico e Ceci brigariam feio na Justiça, por causa de Teresa e Cristiano, que a ex-esposa dizia serem filhos do cantor e este garantia que não.

Comprando músicas de outros

Depois da fracassada união com Ceci, Francisco Alves foi morar em Vila Isabel e passou a atuar no Politeama de Niterói, até este teatro fechar as portas, em 1920. No mesmo ano conheceu Célia Zenatti, com quem viveu por 28 anos.

Convidado pelo famoso empresário José Segreto, foi cantar no Teatro São José, tendo como companheiro Vicente Celestino (" A quem eu imitava", contaria mais tarde o próprio Chico Alves). A partir daí sobiu a escada do sucesso, trabalhando em diversas companhias teatrais, sempre com muito êxito.

Em 1927 deu um passo importante em sua carreira, graças a Freire Júnior: assinou contrato com a Odeon e nessa empresa gravou 11 discos. O primeiro dele foi "Cassino Maxixe"(que mais tarde ficaria conhecido como "Gosto Que Me Enrosco", um dos maiores sucessos de Chico). Do outro lado, "Ora, Vejam Só!", as duas músicas de autoria de Sinhô. Ganhava, então, 25 mil-réis por face do disco.

Até então os discos eram produzidos por processo mecânico. Em 1928 Francisco Alves, ainda na Odeon, foi o primeiro cantor brasileiro a gravar pelo então moderno processo elétrico. Além da Odeon, gravou também pela Parlophon, mas nesta apareceu com o pseudônimo de Chico Viola, apelido que ganhara por andar sempre com um violão debaixo do braço, instrumento que tocava muito bem.

Muitos dos sucessos assinados por Francisco Alves foram comprados de outros compositores. O sujeito queria que ele gravasse uma música? Concordava, se o autor lhe désse parceria. Desonesto, é verdade, mas muito comum naquela época. Foi assim que Chico Viola adquiriu o samba "Me Faz Carinhos", de Ismael Silva, e "A Malandragem", de Alcebíades Barcelos. Em 1935 estreou no rádio, atuando na Rádio Sociedade do Rio de Janeiro. E em 1930 formou dupla com o cantor Mário Reis, lançando várias composições de sucesso. Entre elas, "Qua-qua-quá", "Se Você Jurar", "Formosa" e "Fita Amarela". Em 1932, já conhecido fora do Brasil, Francisco Alves excursionou a Buenos Aires, acompanhado por Mário Reis, Carmem Miranda, Luperce Miranda e Tute.

No ano seguinte, ele, Carmem Miranda e Mário Reis assinaram com a Rádio Mayrink Veiga. E em março de 1934 saiu da Odeon e entrou para a RCA Victor. Nesse mesmo ano Francisco Alves apareceu pela primeira vez no cinema, atuando no filme "Alô, Alô, Brasil", e excursionou ao sul do País, com Noel Rosa, Mário Reis e o pianista Nonô, seu acompanhante predileto.

Lança seu maior concorrente

Em 1935, no programa que levava o seu nome, na Rádio Cajuti, Francisco Alves lançou um cantor, Orlando Silva, que no futuro seria seu maior concorrente. No ano seguinte trabalhou no filme "Alô, Alô, Carnaval", onde cantou a marcha "Manhãs de Sol", de João de Barro e Alberto Ribeiro. Em 1937 voltou para a Odeon, onde permaneceu até 1940. Nesse mesmo ano mudou para a Columbia, onde gravou 14 discos, com sucessos como "Poleiro de Pato É no Chão" (samba de Rubens Soares), um sucesso do Carnaval de 1942. E voltou ao cinema na película "Laranja da China". Em 1941, mais uma vez na Odeon, permaneceu até a sua morte, em 1952.

Gravou intensamente e em 1948 conheceu e se apaixonou por Iraci, com quem viveu seus últimos quatro anos.

Em 1955 a vida de Francisco Alves serviu de enredo para um filme, produzido pela Atlântica-Argentina Sonofilms, "Chico Viola Não Morreu", tendo o ator Cyl Farney no papel do cantor. Nessa película foram utilizadas diversas músicas gravadas por Francisco Alves.

Chico Viola também era apaixonado pelo turfe, possuindo, inclusive, alguns cavalos de corrida. Contam que ele perdeu muito dinheiro nas patas desses animais. Embora sejam centenas os sucessos musicais de Chico Viola, estudiosos da MPB garantem que a grande maioria não lhe pertence, foi adquirida de outros compositores. Um deles, no entanto, é comprovadamente de sua autoria e constituiu por muito tempo seu prefixo musical: "A Voz do Violão". A melodia é de Francisco Alves. Os belos versos, de Horácio Campos.

No livro "A Canção Brasileira" assim o autor, Vasco Mariz, define Francisco Alves: "Figura *hors concours* desde 1925, aproximadamente, Francisco Alves, mais conhecido por Chico Alves, dono de voz possante e agradável, que tudo cantava com êxito e tantos compositores descobriu e celebrizou. Sua influência seria extraordinária, criou verdadeira escola de canto e inúmeros imitadores."

Alguns dos seus numerosos sucessos

É interessante lembrar alguns dos maiores sucessos de Chico Viola, muitos deles chegando até hoje na lembrança dos mais idosos. "Sertaneja" (1927), de Chico Bororó; "Não Posso Mais" (1928), de Ary Barroso e Kolman; "Eu Quero Uma Mulher" (1928), de Delfino; "Vem, Colombina" (1928), de E. Enriques, Ary Kerner Veiga de Castro; "Sonhei" (1929), de Eduardo Souto; "Dá Nela" (1930), de Ary Barroso; "Se Você Jurar" (1931), de Francisco Alves, Ismael Silva e Nilton Bastos; "O Que Será de Mim?" (1931), de Francisco Alves, Ismael Silva e Nilton Bastos); "Deusa" (1932), de Freire Júnior; "Oh, Dora!" (1932), de Orlando Vieira; "Vou Me Regenerar" (1932), de Getúlio Marinho); " Para Me Livrar do Mal" (1933), de Noel Rosa e Ismael Silva; "Fita

Amarela" (1933), de Noel Rosa; "Cai, Cai, Balão!" (1933), de Assis Valente; "Feitio de Oração" (1934), de Noel Rosa e Vadico; "Você Só... Mente" (1934), de Noel e Helio Rosa; "Ouve Esta Canção" (1934), de Francisco Alves e Orestes Barbosa; "Há Uma Forte Corrente Contra Você" (1934), de Francisco Alves e Orestes Barbosa; "O Correio Já Chegou" (1934), de Ary Barroso; "Maria Rosa" (1934), de Nássara, e muitos e muitos outros êxitos, a maioria da década de 30.

Mais perto do seu desaparecimento, podemos lembrar "Largo do Estácio" (1951), de David Nasser, Haroldo Lobo e P. Fonseca Almeida; "Cadeira Vazia" (1950), de Lupicínio Rodrigues; "Valsa dos Namorados" (1952), de Silvino Neto; "É Bom Parar" (1952), de Rubens Soares; "Foi Ela" (1952), de Ary Barroso e "Serra da Boa Esperança" (1952), de Lamartine Babo.

Francisco Alves gravou perto de 500 discos (78 rpm). Além de ser conhecido como Chico Alves e Chico Viola, muitos o chamavam pelo apelido de "O Rei da Voz". Além das músicas nacionais, Francisco Alves gravou um bom número de versões de foxes, tangos e boleros.

Getúlio Vargas

"Deixo a vida para entrar na História"

Desde o atentado da Rua Toneleros, contra Carlos Lacerda, que saiu ferido e resultou na morte do tenente da Aeronáutica Rubem Vaz, que lhe dava cobertura, praticamente toda a equipe de repórteres da revista **O Cruzeiro** vinha trabalhando quase 24 horas por dia – dormindo até na redação – desdobrando-se para cobrir todos os acontecimentos, como as violentas passeatas populares contra Getúlio Vargas. Este que vos escreve fora enviado ao Ministério da Guerra para tentar registrar o encontro dos generais, que desejavam que Getúlio se licenciasse da Presidência.

De volta à redação de **O Cruzeiro**, na época o mais importante veículo de comunicação do País, fui parado pelo chefe de reportagem do semanário, Yêdo Mendonça, que bem nervoso me informou:

– O Arlindo Silva telefonou do Palácio do Catete dizendo que deve ter acontecido algo muito grave e que devíamos ir até lá!

Fomos. Eu fui barrado na porta pela guarda palaciana e levado para uma sala no térreo. Yêdo, sem nada poder fazer, voltou para a redação da revista. Já foram escritos numerosos livros sobre Getúlio Vargas – alguns com centenas de páginas – e não posso ter a pretensão de resumir a vida do velho caudilho apenas num *Perfil* como este.

 Creio, porém, que o relato do repórter Arlindo Silva, que se encontrava desde cedo no Palácio do Catete, é algo que deve ser divulgado. É Arlindo quem conta:

 "Quando cruzei os portões do Palácio do Catete, naquela manhã fria de 24 de agosto, não poderia supor que ali iria assistir ao desenrolar do mais dramático episódio de nossa história política, e dele participar até certo ponto (...). Eram cinco e meia da manhã. Terminara há poucos momentos a reunião de Ministros com o Presidente, na qual ficara acertado que o Sr. Getúlio Vargas deixaria o cargo por três meses, sendo substituído pelo Vice-Presidente, Sr. Café Filho (...). Velhos servidores da casa deixavam transparecer no olhar a mágoa e o desapontamento pelo desfecho da crise político-militar que abalara o País. Falava-se que o Presidente estava dormindo e que acordaria pelo meio-dia, quando assinaria o pedido de licença (...). Um contínuo dizia, junto a este repórter, que até aquela madrugada, e desde que começara a crise, todos os funcionários do Catete estavam munidos de armas automáticas. Aliás, ainda se podia ver, junto aos grossos troncos das figueiras dos jardins, ninhos de metralhadoras e trincheiras feitas de sacos de areia. Pelas seis horas da manhã, D. Darcy Vargas apareceu numa das janelas dos fundos da residência, movendo a cabeça e chorando (...). O receio de que, mais tarde, a entrada de jornalistas fosse dificultada, me fez permanecer ali, conversando com funcionários (...). Vi o Sr. Arísio Viana, diretor do DASP-Departamento Administrativo do Serviço Público, chegar e subir para os aposentos residenciais, vi o Sr. Lourival Fontes sair, depois de encher o porta-malas do seu carro de pacotes, livros, papéis (...). Em dado momento o Sr. Arísio Viana chegou à portaria correndo, atônito. Tomou o telefone e, extremamente nervoso, pediu à telefonista que ligasse para o Pronto Socorro.

– Chame com a maior urgência! É um caso de ferimento grave!

Não conseguindo linha imediata, o Sr. Arísio Viana, descontrolado, deu violento murro no balcão, dizendo:

– Como é que deixaram esse homem sozinho, meu Deus!

Compreendi que se passara algo de extraordinário. O Sr. Arísio Viana continuou insistindo na ligação, sem consegui-la. Desesperado, deixou o fone no gancho e saiu, recomendando a um contínuo que, pelo telefone oficial, chamasse o Pronto Socorro. Mas o telefone oficial também não atendia. Tomei, então, a iniciativa de tentar uma linha pelo telefone da Light e fui feliz. Liguei para o Pronto Socorro da Praça da República e pedi uma ambulância para atender a um caso de "ferimento grave" – como o Sr. Arísio Viana havia mencionado. A princípio imaginei que alguma pessoa da família presidencial tivesse sofrido um acidente grave. Mas ao pensar melhor nas palavras do diretor do DASP exclamando – "Como é que deixaram esse homem sozinho!" – um relâmpago como que iluminou meu cérebro: o Presidente Vargas cometera um gesto extremo de desespero! A ambulância que eu chamara era para socorre-lo! E não demorou que esta chegasse (...). Médico e enfermeiros tomaram apressadamente o elevador que conduz ao segundo andar, onde estava o Presidente. Poucos instantes demoraram-se lá. Desceram com a fisionomia transtornada e disseram:

– Não há mais remédio. O Presidente está morto.

Calculei que seriam 8h43 quando o Dr. Arísio Viana chegou ao telefone para pedir a ambulância. Aquela hora deixara de existir o Sr. Getúlio Vargas, o maior poder político do Brasil."

Este dramático relato, feito por um experimentado repórter, diz bem dos últimos trágicos momentos que antecederam o suicídio de Getúlio Vargas.

Começou como soldado

Getúlio Dornelles Vargas nasceu no dia 19 de abril de 1882 na cidade gaúcha de São Borja. Seus pais eram Manuel do Nascimento Vargas e Cândida Dornelles Vargas.

Getúlio freqüentou um colégio de São Borja até 1893, quando viajou para Ouro Preto (MG) para continuar seus estudos. Em 1898 voltou a São Borja, ingressando como soldado no 6º Batalhão de Infantaria. Dois anos depois já era cadete em Rio Pardo. Resolveu, então, voltar a estudar e ingressou, em 1904, na Faculdade de Direito de Porto Alegre, onde se formou advogado em 1907. No ano seguinte passou a advogar em São Borja, no mesmo local onde atualmente existe o Museu Getúlio Vargas

Desde logo foi atraído pela vida política e foi eleito deputado estadual pelo Partido Republicano Rio-Grandense em duas legislaturas (1909-1912 e 1917-1921). Em 1923 elegeu-se deputado federal pela mesma legenda, sendo líder da bancada gaúcha. Em 1926 foi nomeado ministro da Fazenda, no governo de Washington Luiz, cargo que ocupou apenas por um ano. De 1928 a 1930 foi presidente (hoje seria governador) do Rio Grande do Sul. O Brasil vinha sendo vergonhosamente explorado pelo capital estrangeiro, notadamente inglês. Getúlio candidatou-se então, a presidente da República pela

Aliança Liberal, com a chapa Getúlio Vargas – João Pessoa. Mas como vinha acontecendo em outras eleições, esta também foi fraudada e João Pessoa assassinado. Teve início a revolução iniciada em 3 de outubro de 1930, vinda do Rio Grande do Sul e chefiada por Getúlio Vargas, que contou com o imprescindível apoio de oficiais revolucionários que anos antes tinham formado a famosa Coluna Prestes. O presidente Washington Luís foi destituído e Getúlio assumiu o governo provisório, de 1930 a 1934. Terminou eleito presidente da República pela Assembléia Nacional Constituinte, posto que ocupou até 1937. Nesse mesmo ano instalou o polêmico e ditatorial Estado Novo, que sobreviveu até 1945, mas terminou renunciando ao cargo em razão de forte pressão de setores militares. À frente do governo, promulgou a Constituição de 1934, fechou o Congresso Nacional em 1937 e transformou-se num ditador, centralizando e controlando tudo, inclusive a censura à imprensa, que passou a ser vigiada pelo DIP-Departamento de Imprensa e Propaganda. Colocando censores em todas as redações, Getúlio impedia que fossem publicadas notícias contra o seu governo. Perseguiu tenazmente seus opositores políticos, muitos tendo que se exilar ou terminar na cadeia. A esposa de Luís Carlos Prestes, líder comunista brasileiro, Olga Benário, foi detida, colocada num navio e entregue, na Alemanha, aos nazistas, que a executaram numa câmara de gás. Getúlio deixou o governo em 1945, vítima de um golpe militar. Fundou, então, o Partido Trabalhista Brasileiro - PTB. Senador na Assembléia Nacional Constituinte de 1946 pelo Partido Social Democrático - PSD, do Rio Grande do Sul, foi reeleito pela mesma legenda, permanecendo no Senado até 1949. O povão, no entanto, que o tinha como "Pai dos Pobres", o elegeu democraticamente presidente da República em 1950, pelo PTB. Getúlio governou com minoria no Congresso e sob forte pressão da imprensa e da UDN, chefiada por Carlos Lacerda que, como seu jornal, **Tribuna da Imprensa**, garantia que diversos assessores de Vargas eram corruptos. Mesmo enfrentando uma violenta oposição, Getúlio continuou a manter sua política nacionalista, lançando a campanha do "Petróleo é nosso", contra fortes interesses internacionais, daí resultando a criação da Petrobrás. O chefe de sua guarda pessoal, Gregório Fortunato, achando que com isso ia agradar a Getúlio, planejou o assassinato de Lacerda e deu com os burros n'água. O povo foi para as ruas pedindo a cabeça do chefe da nação. Temendo um golpe militar, com a perda de vida de muitos brasileiros, Vargas deu um tiro no peito, no Palácio do Catete (RJ), na madrugada de 24 de agosto de 1954. É claro que este é um pequeno resumo das atividades políticas de Getúlio Vargas, mas cada um dos períodos acima contém acontecimentos históricos que só caberiam num livro, como o que escreveu sua filha Alzira do Amaral Peixoto, em 1960, intitulado *Getúlio Vargas, Meu Pai*, da Editora Globo, com 414 páginas.

O povo chora seu desaparecimento

O corpo de Getúlio Vargas foi velado no Palácio do Catete durante um dia e uma noite. Milhares de pessoas, homens, mulheres e crianças, a maioria chorando convulsivamente, numa manifestação popular nunca vista, desfilaram ao lado do caixão, dando o último adeus ao querido governante. Não poucos passaram mal e alguns até mesmo desmaiaram, sendo levados para as ambulâncias estacionadas no pátio. Por todo o País o povo chorou a morte do seu líder. No dia 25 o esquife foi levado de avião para São Borja, onde foi velado por mais um dia e uma noite na Prefeitura Municipal. Cerca de 40 mil pessoas, vindas de diversos Estados, formaram um extenso cortejo até o Cemitério Jardim da Paz, onde Getúlio foi enterrado. Ainda hoje o seu túmulo é o mais visitado pelos turistas, notadamente nos dias 19 de abril – data do seu nascimento – e 24 de agosto, dia do seu suicídio. Nessas duas datas a Câmara de Vereadores da cidade realiza uma Sessão Solene.

Um outro Getúlio Vargas

É inegável, porém, que Getúlio Vargas, embora tenha se portado como um ditador em boa parte do tempo em que governou o Brasil, nunca deixou de preocupar-se com o nosso povo. Graças a ele foi criada, em 1939, a Justiça do Trabalho; foi instituído o salário mínimo, a Consolidação das Leis do Trabalho-CLT; a carteira profissional e a semana de trabalho de 48 horas, além das férias remuneradas.

Foi Getúlio Vargas, também, quem criou, em 1940, a Companhia Siderúrgica Nacional; a Vale do Rio Doce, em 1942; a hidrelétrica do São Francisco, em 1945, e o Instituto Brasileiro de Geografia e Estatística, IBGE, em 1938. Além de aumentar substancialmente os postos de trabalho e apoiar a industrialização do País, Getúlio se preocupou com a saúde do povo brasileiro, montando o sistema nacional de saúde pública, controlando endemias e epidemias em todo o território nacional, construindo diversos hospitais e apoiando a ciência e a tecnologia. "O sindicato é a vossa arma de luta, a vossa fortaleza", disse Getúlio Vargas aos trabalhadores num discurso de 1º de maio de 1951. Passando das palavras à ação, criou em nosso país as bases da organização sindical, fortalecendo os sindicatos por categorias.

Juscelino Kubitscheck

Um homem apressado

"Ele desce acelerado as escadarias do palácio, deixando com cara de tacho a mordoma Roberta: a coitada estava a postos no elevador com a porta escancarada. Juscelino tem pressa. E quer fazer o Brasil acompanhar os seus passos apressados. Disso sabem os dois assessores, que já estão lá embaixo, na porta do automóvel presidencial.

O homem que tem pressa, ao chegar ao amplo jardim interno, estanca de repente, como se uma força sobrenatural o barrasse. E era. A brisa com cheiro de maresia vem da praia do Flamengo e penetra-lhe nas narinas. Isso é vida. É encantamento. É o que move o mundo.

Ele respira fundo. E volta os olhos para o céu da madrugada. Estreladíssimo. Uma estrela cadente risca o firmamento perto do Cristo Redentor. Juscelino cerra os olhos e faz o seu pedido em silêncio, como num ato de contrição. Ele sempre faz o mesmo pedido: "Nossa Senhora Aparecida: proteja-me, para que eu possa proteger o Brasil."

Então olha de novo para o céu e, sorrindo, diz aos amigos: "Bela noite para voar, né, Affonso? Né Geraldo?"

Um simpático presidente

Juscelino Kubitscheck, sem dúvida o mais simpático dos presidentes do Brasil, voltou à moda. De onde, dado o seu otimismo, tão necessário nos dias de hoje, nunca devia ter saído. A TV Globo apresentou, intitulada "**JK**", uma minissérie sobre ele, de 3 de janeiro à 24 de março deste ano. Embora bem romanceada, a história da vida de JK teve um grande sucesso, como comprovou o Ibope.

A vida e a carreira política de Juscelino foram tema de numerosos livros e o diretor de cinema Zelito Viana produziu o filme "**JK-Bela Noite para Voar**", baseado no livro com o mesmo título, escrito pelo jornalista Pedro Rogério Moreira, do qual retiramos a introdução acima.

Juscelino Kubitschek nasceu na mineira Diamantina em 12 de setembro de 1902. Seu pai, João César de Oliveira, era caixeiro-viajante. Após a morte do pai, o menino Nonô – como era chamado – foi criado por sua mãe, Júlia Kubitschek, professora de origem checa. Desde cedo JK sonhava em formar-se em Medicina. Sua mãe vendeu a única jóia valiosa que possuía para que ele, em 1919, comprasse uma passagem de trem para Belo Horizonte, onde teria maiores chances de vencer na vida. Na capital mineira Juscelino inscreveu-se num concurso para telegrafista dos Correios e passou. Estudava de dia e trabalhava à noite. Muito esforçado, formou-se em Medicina, em 1927. A beca que JK usou em sua formatura foi costurada por sua mãe e está guardada na Faculdade de Medicina de Belo Horizonte. Especializou-se em cirurgia das vias urinárias, estagiando na Europa. Um dos seus professores, João Amílcar, relembrava que "Juscelino conseguiu economizar, a duras penas, um pouco de dinheiro para, no final do estágio, visitar a Checoslováquia, que é a terra dos Kubitscheck. Ao chegar lá, ficou decepcionadíssimo, porque lhe informaram que o sobrenome Kubitscheck é como Silva no Brasil."

Inicio da carreira política

Em 1931, ao voltar ao Brasil, casou com Sarah Gomes de Lemos. Doze anos mais tarde tiveram uma filha, Márcia, e adotaram outra, Maristela. É interessante lembrar que foi JK quem, em 1959, assinou a lei que permite que casais que já tiveram filhos e pessoas solteiras possam adotar crianças. Maristela lembrava emocionada: "No dia que promulgou essa lei ele chegou perguntando se eu queria ser legalmente sua filha. De amor eu já era filha dele e de

Sarah. Eu beijei os dois e passei a chamá-los de pai e mãe."

Juscelino trabalhou algum tempo como capitão-médico da Polícia Militar, iniciando a carreira política em 1934, quando foi nomeado chefe de gabinete do recém-nomeado interventor federal em Minas Gerais, Benedito Valadares. No mesmo ano foi eleito deputado federal. Em 1937, com a implantação do Estado Novo por Getúlio Vargas, perdeu o mandato e voltou a clinicar.

O micróbio da política, no entanto, já circulava em seu sangue e, em 1940, ainda graças a Benedito Valadares e a sua esposa, que vinha de uma influente família de políticos mineiros, foi nomeado prefeito de Belo Horizonte.

Um verdadeiro furacão

Conhecido como "prefeito furacão", ele abriu estradas, construiu avenidas, escolas, faculdades públicas, conservatórios de música, conjuntos populares, o Palácio das Artes, a Escola de Arquitetura e o primeiro restaurante popular. Até hoje os mineiros mais idosos, que assistiram a essa verdadeira revolução em Belo Horizonte, consideram JK o melhor prefeito que a cidade teve.

Em 1945 Juscelino ingressou no Partido Social Democrático-PSD, sendo novamente eleito deputado federal, mandato que exerceu de 1946 a 1950, ano em que venceu a eleição para governador de Minas Grais. No dia 31 de janeiro de 1951 iniciou o mandato, baseando sua administração no binômio "Energia e Transporte". JK nunca escondeu que era um boêmio assumido. Tanto que fez questão de construir na Pampulha um Cassino e a Casa do Baile. Tereza Bruzzi, diretora dessa casa, informava que a idéia de sua construção era trabalhar com um viés mais popular dentro do conjunto da Pampulha: "Juscelino queria levar a classe média para lá. Hoje em dia não tem mais jeito! Numa cidade com dois milhões de habitantes não cabe mais."

No que se refere ao conjunto da Pampulha, JK lançou um concurso para escolher a melhor forma como ele devia ser aproveitado. A maior parte dos trabalhos apresentados não lhe agradou, já que copiavam obras existentes na Europa. Juscelino procurou, então, o diretor do Iphan, o Instituto do Patrimônio Histórico e Artístico Nacional, e Rodrigo Melo Franco de Andrade sugeriu-lhe o nome de um jovem arquiteto carioca: Oscar Niemeyer. Foi dessa forma que acabou formando-se o quarteto que levantaria Brasília: JK, Oscar, Lúcio Costa e o paisagista Burle Marx. Melhor impossível.

Numa campanha em que prometia realizar em 5 anos 50 de desenvolvimento no Brasil, candidatou-se à presidente da República e foi eleito em

1956, com 36% dos votos numa coligação entre o PSD e o PTB. Governou o país de 31 de janeiro de 1956 a 31 de janeiro de 1961, quando passou a faixa a Jânio Quadros.

Em seu ambicioso plano de metas estava a construção de Brasília, a nova capital, sonho acalentado desde o tempo do Império, mas considerado irrealizável. Não para Juscelino.

Um sonho realizado

A nova capital seria, como foi, construída em Goiás, a 931 km do Rio de Janeiro e a 870 km de São Paulo (medidas que se referem a distâncias aéreas; as distâncias por terra são, obviamente, maiores). A idéia era que, com a mudança da capital para o interior do País, o progresso a acompanhasse, desenvolvendo toda a região.

Juscelino precisou de muita coragem e força de vontade para enfrentar os obstáculos que surgiram em seu caminho, bem como a montanha de críticas, partidas de todos os lados. A maioria considerava a construção de Brasília uma loucura e um enorme desperdício de dinheiro. Juscelino não deu ouvidos aos pessimistas e tocou a obra pra frente. A "Mensagem de Anápolis", em que JK propunha a construção de Brasília, deveria ter sido batizada como "Mensagem de Goiânia". Em sua primeira viagem à Amazônia,

Juscelino passaria pela capital de Goiás, onde seria assinada a mensagem ao Congresso Nacional. O mau tempo, no entanto, obrigou o avião presidencial a aterrissar em Anápolis.

Contando com a colaboração de três profissionais do mais alto gabarito, o arquiteto Oscar Niemeyer; o urbanista Lúcio Costa (que, em 1957, vencera o concurso nacional para o Plano Piloto de Brasília) e o paisagista Burle Marx, Juscelino pôde levar seu plano adiante, graças também à imprescindível ajuda de milhares de nordestinos – batizados de *candangos* –, a maioria vinda de Estados do Norte e Nordeste, que garantiram enorme força de trabalho.

A planificação de Brasília foi minuciosamente estudada. Numa extensa carta de Lúcio Costa ao presidente da NOVACAP, Israel Pinheiro, entre outras medidas ele referia-se aos táxis, dizendo que "o modelo dos táxis deve ser previamente estabelecido. Deve ser o DKW cinza escuro, de preferência de quatro portas." Mais adiante, referindo-se aos motoristas de ônibus: "O uniforme deverá ser cinza escuro (...) deverá usar braçadeira com as cores da respectiva linha (...) o quepe deve ser obrigatório."

No que se refere ao trânsito na cidade pré-construída, diz Lúcio Costa em certo trecho: "A via de comunicação W-3 não deve ser intensamente iluminada. Trata-se de via secundária." Até com a terra dos mortos preocupou-se o urbanista: "Os cemitérios terão chão de grama e serão convenientemente arborizados, com sepulturas rasas e lápides singelas, à maneira inglesa, tudo desprovido de qualquer ostentação."

Enquanto Oscar Niemeyer planejava e executava os principais edifícios públicos da cidade, como a residência do Presidente e os prédios dos Ministérios, todos construídos de forma arrojada e de um modernismo nunca visto – até hoje deslumbrando os turistas de todo o mundo –, Lúcio Costa e Burle Marx preocupavam-se com a beleza e funcionalidade de Brasília. A arborização da cidade, no início, foi feita com diversas espécies de árvores, como flamboyants, espatódias e sibipirunas, mas com o passar do tempo, elas foram sendo substituídas pelas chamadas "espécies do cerrado".

A iluminação pública original de Brasília foi feita com lâmpadas fluorescentes. Um modernismo inexistente no Rio e São Paulo, onde as lâmpadas eram incandescentes. No final dos anos 70 Brasília substituiu a iluminação existente, substituindo-a pela de vapor de mercúrio.

Na época da inauguração de Brasília havia apenas 11 edifícios de Ministérios. Atualmente são 17, além dos dois que têm desenho arquitetônico especifico, o do Ministério da Justiça e o do Ministério das Relações Exteriores.

Como presidente, Juscelino Kubitschek lançou o chamado "Plano de Metas" e construiu Brasília na região Centro-Oeste do País, a fim de incentivar a expansão industrial e integrar as populações de todas as regiões com a capital.

Seria impossível que ele não fosse alvo de numerosas críticas, na maioria injustas. Entre as principais, seus detratores discordavam de ele ter priorizado o transporte rodoviário em detrimento do ferroviário, beneficiando a indústria automobilística e causando prejuízos e isolamento a diversas cidades. Para a turma da oposição, o Brasil teria se desenvolvido mais facilmente se tivesse uma operosa rede ferroviária. Não concordavam, também, com o que denominavam "subordinação econômica ao capital internacional" – por Juscelino denominado "capital associado" –, a emissão constante de papel-moeda, resultando na alta da inflação devido ao rompimento com o FMI –, o endividamento e, o que mais o aborrecia, a corrupção no Governo, fato que nunca foi provado.

Como presidente da República Juscelino enfrentou duas rebeliões de oficiais da Aeronáutica. A primeira, em Jacareacanga, e a segunda em Aragarças, ambas no Pará. Demonstrando ser desprovido de ódio, JK, após controlar as insurreições, anistiou os seus líderes.

Exílio voluntário

Em 1962 Juscelino foi eleito senador por Goiás, mas desejava disputar as eleições presidenciais de 1965, projeto abortado pelo golpe militar de 1964. Em junho desse ano JK teve seu mandato de senador e seus direitos políticos cassados.

Inconformado, em 1967, tentou articular uma Frente Ampla de oposição ao regime militar, juntamente com o ex-presidente João Goulart e o ex-governador Carlos Lacerda. Não conseguiu levá-la adiante.

Desgostoso, resolveu viajar, afastando-se de um regime de exceção, que abominava. Durante algum tempo percorreu várias cidades dos Estados Unidos e da Europa, num exílio voluntário.

Com a anistia Juscelino voltou ao Brasil, fundando uma empresa. No dia 22 de agosto de 1976 faleceu vítima de um acidente automobilístico na Rodovia Presidente Dutra, na altura da cidade de Resende (RJ), desastre até hoje não devidamente esclarecido.

Brasília, no entanto, não o esqueceu. Em 12 de setembro de 1981 foi inaugurado ali o "Memorial JK", onde se encontram seus restos mortais, sua biblioteca particular, objetos pessoais e um grande acervo relacionado com ele.

Em 1990 Márcia Kubitscheck foi eleita Vice Governadora do Distrito Federal, na chapa encabeçada por Joaquim Roriz.

Na placa de um monumento da Praça dos Três Poderes encontra-se esta citação de Juscelino: "Deste Planalto Central, desta solidão que em breve se transformará em cérebro das altas decisões nacionais, lanço os olhos mais uma vez sobre o amanhã do meu país e antevejo esta alvorada com fé inquebrantável e uma confiança sem limites no seu grande destino." Brasília, 2 de outubro de 1956.

Luiz Gonzaga

A sanfona se calou

Naquele ano da década de 40, depois de vencer no falado Sul Maravilha, Luiz Gonzaga, já batizado como o "Rei do Baião", foi recebido em Exu, sua terra natal, como um verdadeiro reizinho. Daí que, muito prosa, foi apresentar-se para o seu povo, peito estufado de vaidade. Estava ali para mostrar seus maiores sucessos, acompanhado pela única sanfona de 120 baixos da cidade. A platéia não lhe regateou aplausos. Nem poderia, porque Luiz Gonzaga era, realmente, um ótimo cantor e compositor. Mas, lá para as tantas, entre o barulho das palmas, ouviu-se uma voz estridente, vinda do meio do público, que advertia:

"Respeita Januário, Luiz, respeita os oito baixos do seu pai!"

Luiz Gonzaga nunca soube quem foi o autor da frase, mas ela o marcou para sempre, pois referia-se ao seu pai, o consertador de instrumentos Januário José dos Santos, excelente sanfoneiro da região, animador de festas religiosas e forrós, um mito no sertão pernambucano. E recordou que fora Januário quem o ensinara a tocar sanfona, sendo, portanto, o maior responsável pela fama que estava desfrutando.

A lição maior, no entanto, era de que o sucesso não devia subir-lhe à cabeça, que precisava manter sempre os pés no chão, na maior humildade. E foi o que Luiz Gonzaga fez pelo resto da vida.

Fugiu de casa

Aquela frase deu mais um fruto: um dos mais conhecidos e famosos baiões compostos por Luiz Gonzaga. Orgulhoso, porém, ele podia estar, pois lutara bastante, até chegar àquele palco em Exu.

Luiz Gonzaga nasceu no dia 13 de dezembro de 1912, numa família de gente pobre, e foi criado na Fazenda Caiçara, na cidade pernambucana de Exu. Era o segundo dos nove filhos de Januário e a propriedade onde viviam pertencia à próspera clã dos Alencares.

Aos 17 anos fugiu de casa e engajou-se como voluntário no 22º Batalhão de Caçadores do Exército, em Fortaleza. Vestiu farda por dez anos, percorreu vários Estados e participou de revoltas na Paraíba, em Belém, no Movimento Constitucionalista e na Guerra do Chaco. "Mas nunca matei ninguém", afirmava.

Tocando pra prostitutas

Em 1939, aos 27 anos, certo de que tinha valor como músico e animado por amigos e admiradores, resolveu viajar para o Rio de Janeiro, onde pensava ganhar fácil a praça. Ganhou, mas teve que ralar bastante, antes que o êxito chegasse. De cara, foi obrigado a deixar de lado a música sertaneja, que ninguém queria ouvir. E passou a ganhar o pão de cada dia tirando da sanfona fados, tangos, valsas, boleros, foxes e canções de sucesso na época. A platéia, na maioria das vezes, era formada por prostitutas e gigolôs dos cafés do Mangue – a zona do meretrício carioca – ou dos cabarés da Lapa.

No início, depois de cada apresentação – supremo vexame! –, Luiz Gonzaga saía com o pires, mendigando níqueis. Até que um certo dia um grupo de universitários do Ceará o ouviu e, sabendo que ele era nordestino, o desafiou a tocar músicas sertanejas. Luiz Gonzaga aceitou o desafio e abafou. Compreendeu, então, que aquele era o seu caminho musical. E resolveu percorrê-lo, custasse o que custasse.

Na época, um dos programas radiofônicos mais populares era o de Ary Barroso, na Rádio Nacional, que dava chance a calouros, mas aprovava muito poucos. Triste daquele que desagradasse o compositor de *Aquarela do Brasil*, pois poderia enfrentar a ranzinzice do apresentador. Luiz Gonzaga resolveu arriscar. Inscreveu-se e ganhou a nota máxima com *Vire e Mexe*, composição de sua autoria. O caminho estava aberto.

Passou, então, a ser convidado a tocar seu acordeão (a *sanfona* de sua terra) em programas de rádio e em gravações como solista. Como compositor, porém, seu primeiro sucesso foi *Chamego*, gravado em 1943 e interpretado por Carmen Costa. A partir de 1945, em parceria com Humberto Teixeira, compôs algumas das melhores e mais conhecidas músicas do seu repertório: *Baião, No meu Pé de Serra, Asa Branca, Assum Preto, Juazeiro, Mangaratiba, Paraíba, Baião de Dois*.

No início da década de 50 uniu-se ao médico pernambucano Zé Dantas, outro compositor de talento, e da parceria nasceram êxitos, como *Cintura Fina, Algodão , Vozes da Seca, Xote das Meninas* e muitos outros. Luiz Gonzaga gravou 192 discos, entre compactos e LPs, e é considerado o maior influenciador da moderna música nordestina, de Caetano Veloso a Fágner. Ocupou durante muito tempo os primeiros lugares entre os maiores vendedores da gravadora RCA.

Quando lhe indagavam se reconhecia o sucesso, antes de apresentar uma nova composição, respondia que isso é muito difícil. Algumas vezes apostava numa música e quebrava a cara. "Foi assim, por exemplo, com *Eu Quero Ovo de Codorna Pra Comer*. Ela foi, realmente, um sucesso, mas sumiu, ninguém pede mais pra eu tocar. Já *Siri Jogando Bola*, música ingênua, própria para crianças, que não me parecia grande coisa, tenho que bisar várias vezes nos meus shows."

Entre seus últimos discos estão *Olho de Lince* (1985), *Geral* (1987) e *Luizinho de Gonzaga* (1990), uma coletânea póstuma.

Boicotado pela TV e pelas rádios

Entre as mágoas de Luiz Gonzaga, que era apelidado de *Lua*, estava a de raramente ser convidado para participar de programas de televisão. Irônico, ele tinha uma explicação para isso: "Eu sou velho e feio, televisão é pra mulher bonita." O rádio também o ignorava, mas isso, declarava o compositor, não o incomodava. Explicava porque: "Se minhas músicas tocassem constantemente nas rádios, já tinham cansado o meu público. Eu prefiro andar pelo Brasil e mostrar ao povo as minhas composições ainda inéditas, que ele não conhece. Meu negócio é vender disco pelo interior, cantar em circos, em fábricas. Por isso vivo viajando. Só em vinte shows que fiz este mês ganhei uma grana que daria para viver o resto de minha vida. Pra que rádio?"

Informava que não ficara rico, mas podia dar-se ao luxo, se quisesse, de parar de trabalhar, porém isso o mataria de tédio. "Não sou de juntar dinheiro, mas também não desperdiço. Além disso, ajudo a muita gente." E ajudava mesmo. Ele sustentava a viúva do pai, segunda mulher de Januário, e um idoso companheiro do *velho*, que não tinha mais condição de trabalhar.

"Sanfona eu já dei mais de cem. Quando dou de cara com um jovem sanfoneiro que demonstra talento, tomo nota do endereço dele e mando-lhe uma sanfona novinha." Entre os que receberam o presente, um irmão de Hermeto Paschoal. Completava: "Só não dou pra quem não sabe tocar."

Embora negasse ter um gordo pé de meia, na verdade Luiz Gonzaga juntara um bom quinhão. Tinha quatro fazendas em Exu, onde criava gado Santa Gertrudes, um frigorífico, algumas casas e um hotel. "Mas invisto tudo que ganho", garantia. Sua cidade natal devia muito ao filho famoso. Luiz Gonzaga levara energia, asfalto, telefone e uma agência bancária para Exu. "Tive que convencer o gerente do banco de que ele não seria assassinado...", pilheriava, lembrando que a cidade era de gente braba, que por dá cá aquela palha mandara muitos pra terra dos pés juntos.

"Nunca quis ser político"

Ficava aborrecido quando os políticos exploravam os nordestinos e seus problemas. "Na periferia das grandes cidades e nas suas favelas há tanta ou mais miséria do que no sertão. Lá nós temos os recursos naturais, a gente sabe se defender. Por isso, nos meus shows, sempre digo: "Estão anunciando outra seca no Nordeste. Deixa vir. Nós sempre brigamos contra a seca e vencemos todas elas. Vamos vencer esta também." E lembrava que os nordestinos enfrentavam a seca desde 1877 e a ela estavam habituados. "Antes, ainda havia matas, chovia muito mais. Hoje as secas são mais fortes, mas, em compensação, os recursos são mais imediatos. O governo vai em defesa do pequeno agricultor, do flagelado, ele cria frentes de trabalho, paga salários."

Com essa defesa do governo muitos acreditaram que Luiz Gonzaga pretendia candidatar-se a algum cargo eletivo. Chegaram a dizer que ele ia concorrer a deputado, mas o famoso sanfoneiro desmentiu a notícia, alegando que não era político, que seu negócio era "tocar sanfona e enrolar o povo na conversa. É isso que vem dando certo." E argumentava, com toda razão: "Eu já vi artistas se acabarem no meio do caminho por causa da política. Vêm aqueles aplausos, aquela festa, forma-se uma curriola, ele diz uma porção de besteiras e, depois, nem política nem música. Vários já quebraram a cara por isso."

Ao alegarem que ele tocara em campanhas políticas, para candidatos como Adhemar de Barros, Luiz Gonzaga sorria e saía-se com esta: "Não estava metido em política; estava em busca do dinheiro."

Ri melhor quem ri por último

Certa parte da crítica, durante um bom tempo, atacou Luiz Gonzaga. "Eu sempre enfrentei a crítica com humildade. Só não suporto os críticos covardes, que não têm base para criticar e estão mal-intencionados. O Flávio Cavalcanti tinha aquele programa onde ele quebrava os discos de que não gostava. No início de minha carreira, ele quebrou um dos meus discos. Agüentei firme. Anos mais tarde, quando eu me apresentei como convidado no seu programa, rimos juntos lembrando o episódio."

Luiz Gonzaga tinha uma explicação para o sucesso da música nordestina nos Estados do Sul do País. Para ele a juventude e a sociedade, de repente a descobriram. Possivelmente por estarem saturadas de coisas importadas. "A música do Nordeste, por outro lado, é cheia de surpresas, poesia, sentimentos populares e tem aquela vibração sertaneja de uma gente alegre, apesar da pobreza. Parece que, quanto mais pobre o povo, mais fértil é a sua cultura", filosofava.

Tinha preferências entre os novos e citava aqueles que mais lhe agradavam: Alceu Valença, Fágner, Zé Ramalho, Elba Ramalho e Amelinha. "O mais importante, dizia, é que esse pessoal vem do sertão trazendo cultura. Eu não trouxe, mas trouxe a disposição de correr o País em cima de um caminhão, dando o meu recado com a sanfona."

Luiz Gonzaga não criticava nem mesmo aqueles que apelavam para aparecer. Sobre eles tinha uma opinião formada: "Eles montam trocadilhos safados. É a maneira que encontram de aparecer mais rápido, ganhar o seu dinheiro. Eu não sei se esse trabalho vai resistir no futuro, mas que aparece, isso aparece."

A Tropicália o trouxe de volta

Além do baião, Luiz Gonzaga divulgou outros ritmos nordestinos, como o siridó, o xote e o xaxado. No final da década de 50, quando ele estava no apogeu, surgiu a "jovem guarda", o baião passando para segundo plano. Na mesma época apareceu a música sertaneja produzida por compositores do Sul e Centro-Sul do País. Luiz Gonzaga, então, mandou-se pelo Brasil afora, encontrando em toda parte o aplauso dos seus fiéis admiradores.

O movimento tropicalista, surgido em 1968, por intermédio, principalmente, dos então jovens Gilberto

Gil, Caetano Veloso, Maria Bethânia, Gal Costa, Nara Leão e Capinam, não desprezou o talento de Luiz Gonzaga. Tanto que alguns deles regravaram músicas do Rei do Baião, defendendo a sua importância para a música popular brasileira. E isso fez com que Luiz Gonzaga voltasse às paradas de sucesso, realizando shows novamente nas grandes cidades. Sucesso esse que o acompanhou até 2 de agosto de 1989, data de sua morte, em Recife.

Na verdade, nenhum outro compositor popular influenciou tanta gente. Para sermos mais exatos: três gerações de músicos. José Augusto de Almeida, professor da Universidade Federal de Sergipe, fez a lista dos seus principais "herdeiros": Jackson do Pandeiro, Severino Januário, Gerson Filho, Oswaldinho, Marinês, Anastácia, Dominguinhos, Alceu Valença, Elba Ramalho, Genival Lacerda, Zé Ramalho, Geraldo Azevedo e Flávio José. E apresentou os principais livros publicados sobre Luiz Gonzaga: *Sanfoneiro do Riacho da Brígida*, de Sinval de Sá; *Baião de Dois: Zé Dantas e Luiz Gonzaga*, de Mundicarmo Ferretti; *Luiz Gonzaga e o Rei do Baião*, de José Ferreira de Jesus; *Eu Vou Contá Pra Vocês*, de Assis Ângelo; *O Matuto que Conquistou o Mundo*, de Gildson Oliveira; *A Saga de Luiz Gonzaga*, da francesa Dominique Dreyfus; *Vida, Alma e Morte de Luiz Gonzaga*, de Sinésio Santos; *Luiz Gonzaga na Literatura de Cordel*, de Pedro Bandeira; e *Discografia do Rei do Baião*, de Uélinton Mendes da Silva.

Não é por outra razão que Luiz Gonzaga vem sendo objeto de diversas pesquisas de jornalistas, escritores e admiradores, com uma infinidade de artigos publicados em jornais e revistas de todo o País. Boa parte dos especialistas em MPB considera Dominguinhos, outro sanfoneiro de sete costados, seu real herdeiro. Sobre essa questão assim se manifestava o próprio Luiz Gonzaga: "Como eu praticamente criei o Dominguinhos, muita gente andou dizendo que ele seria meu substituto. Mas ele já tem seu próprio trabalho, de sucesso, e não poderia ser meu herdeiro."

Gonzaga & Gonzaguinha

O relacionamento de Luiz Gonzaga com o filho Gonzaguinha, não menos famoso, sempre foi complicado. Quando o pai faleceu, Gonzaguinha chorou bastante no enterro. Alguns dias antes, no entanto, numa entrevista, ele declarara: "Nosso relacionamento não pode ser chamado de normal, porque nós vivemos um para cada canto e essa situação persiste desde quando eu era menino. Não posso dizer, portanto, que estou ligado a ele. Os nossos encontros, por incrível que pareça, sempre foram na rua ou pelo telefone. Eu o vejo uma média de cinco vezes ao ano. O mais engraçado é que o nosso contato é o cara das bagagens do aeroporto do Rio de Janeiro, que sempre me diz que ele passou por ali e para onde foi, e faz a mesma coisa com ele quando ele quer saber de mim."

O fato é que, nascido no bairro carioca do Estácio, mas criado no morro de São Carlos, Gonzaguinha viveu a maior parte da vida longe do pai, tendo sido adotado por Henrique Xavier Pinheiro, o *Baiano*, que foi seu primeiro professor de violão. Sua mãe postiça foi a madrinha, Leopoldina de Castro Xavier, a *Dina*, que mais tarde ele haveria de homenagear num samba.

Da mãe verdadeira Gonzaguinha só veio a saber já adulto. Contaram-lhe que ela era dançarina e cantora do *Dancing Brasil*, que ficava na Avenida Rio Branco, bem em frente à Cinelândia carioca. Seu nome era Odaléia Guedes dos Santos e falecera quando ele tinha dois anos.

Uma coisa, porém, Gonzaguinha não podia negar: ele herdara o talento do *velho* Gonzagão.

Mané Garrincha

A saudosa alegria

Depois da publicação do livro *"Estrela solitária – um brasileiro chamado Garrincha"*, de Ruy Castro, seria muita pretensão escrever algo mais sobre a vida daquele que foi, sem dúvida, o maior ponta-direita do futebol brasileiro, em todos os tempos. A não ser, como neste caso, para divulgar um dramático depoimento de Mané, dado num apartamento de Ipanema (RJ), ao tempo em que ele vivia com a cantora Elza Soares.

Presentes à entrevista, além deste que vos escreve, Elza Soares, o fotógrafo José Carlos Vieira e o saudoso jornalista Sandro Moreyra, que acompanhava Mané desde os seus primeiros chutes no Botafogo. Sandro o viu campeão alvinegro e bi do Mundo; às voltas com problemas sentimentais; enfrentando a fúria dos *cartolas* e a incompreensão da torcida. E sempre esteve, desinteressadamente, ao lado de Garrincha. Tudo o que Mané nos contou naquele dia foi devidamente apurado e publicado na revista **O Cruzeiro**, de 6 de novembro de 1965. E ninguém apareceu para contestar as acusações apresentadas.

O Mané das pernas tortas

Antes, vamos clarear a memória dos leitores, lembrando quem foi Manuel Francisco dos Santos, o *Garrincha*. Nascido no dia 28 de outubro de 1933, no Arraial de Pau Grande, vizinho a Teresópolis (RJ), ele jogou pelo Botafogo de 1953 a 1965. Em 1966 foi para o Corinthians, onde atuou até 1968. De 1969 a 1971 jogou pelo Flamengo. E encerrou a carreira no Olaria, em 1972.

O apelido surgiu na infância, quando o menino Manuel caçava um passarinho chamado *garrincha*, ave de cor parda com listas pretas e crista e cauda vermelhas. Seu maior divertimento, no entanto, era jogar *pelada*, nos campos carecas de Pau Grande. Antes de ser aceito pelo Botafogo, Garrincha andou fazendo experiências em diversos clubes cariocas, mas os treinadores não acreditavam que aquele rapaz desengonçado e de pernas tortas podia jogar um bom futebol.

Foi o jogador Araty, do Botafogo, que convenceu o técnico Gentil Cardoso a contratá-lo. E isso não foi difícil, depois que, em seu primeiro treino no time de aspirantes, ele meteu uma bola entre as pernas do seu marcador, o maior lateral esquerdo do mundo: Nilton Santos. Muitos garantem que assistiram o primeiro treino do perna torta no Botafogo, mas a maioria mente. Naquele dia, por coincidência, este que vos escreve tinha ido entrevistar o técnico Gentil Cardoso para a revista **A Cigarra** e presenciou quando Araty pediu a Gentil para assistir o segundo tempo do treino entre os jogadores titulares e os reservas – chamados aspirantes. Presentes, além de mim, Sandro Moreyra, Geraldo Escobar, Augusto Mello Pinto, Armando Nogueira e Canor Simões Coelho. E ninguém mais!

Pelo Botafogo Garrincha foi campeão carioca em 57, 61 e 62 e do Torneio Rio-São Paulo, de 62. Na Seleção Brasileira foi campeão da Copa O'Higgins, em 1955, e bi-campeão mundial em 1958, na Suécia, e em 1962, no Chile. Sua última participação na Seleção foi na Copa de 1966, na Inglaterra, quando marcou um gol no jogo com a Bulgária. Atuou 61 vezes pela Seleção, sendo 50 em jogos oficiais e marcou 17 gols.

O drama de Garrincha

Como a citada entrevista é muito longa, vamos dar apenas seus tópicos principais. Situemo-nos no tempo em que Garrincha jogava pelo Botafogo e havia estourado um joelho em defesa do clube. Sem ser o mesmo dos primeiros tempos, ele era acusado de fugir dos treinos e só atuar quando estava com vontade. Na verdade, Mané nunca levara os treinos muito a sério. No seu modo simples de ser, ele acreditava que bastava meia hora de física e a participação num coletivo, durante a semana, para ficar em forma. E isso Garrincha provava em campo, botando seus marcadores na roda. Os que tinham lidado com ele, como Ademar Bebiano, Paulo Azeredo, Sérgio Darcy, Renato Estelita, João Saldanha, Paulo Amaral e, na Seleção, Feola, Aymoré e Carlos Nascimento, tinham sabido levá-lo sem maiores problemas. Em troca, haviam conseguido o máximo do seu fantástico futebol.

Quando o ouvimos, Garrincha estava com um dos joelhos arrebentado e às voltas com problemas familiares, mas a então diretoria do Botafogo não dava a menor bola para seus males. Mané precisava de ajuda, amparo e solidariedade dos paredros botafoguenses. Ele fizera por merecer, dando inúmeras vitórias e alegrias ao clube e aos torcedores. Houve absurdos. Na semana de um jogo com o Fluminense, quando o técnico Zoulo Rabelo preparava Garrincha para reaparecer no Botafogo, o boletim oficial do clube, num artigo assinado pelo "diretor de propaganda", procurava convencer os sócios que Mané era um moleque, um explorador.

A situação piorou ainda mais quando Garrincha resolveu operar o joelho. O Departamento Médico do Botafogo recusou-se a assumir a responsabilidade. Mané estava quase sem poder andar. Foi quando Garrincha ouviu falar no Dr. Marques Tourinho e foi procurá-lo. O Dr. Tourinho já extraíra, com sucesso, centenas de meniscos. Comprovando que os médicos do Botafogo estavam errados, e que Mané não tinha nenhuma artrose, mas menisco estourado, o Dr. Tourinho operou Garrincha, deixando-o praticamente curado. Tudo, agora, dependeria de apropriados e futuros exercícios. E, principalmente, que Mané fosse poupado até a sua total recuperação.

A volta ao futebol, no entanto, ia demorar alguns meses, porque Garrincha não se operara na ocasião certa. A cirurgia devia ter sido feita em 1962, após o campeonato carioca daquele ano. O Dr. Lídio Toledo, médico do Botafogo, sabia disso. Tanto que não aprovara a participação de Mané naquele ano numa excursão do Botafogo às Américas. Os paredros alvinegros, no entanto, exigiram esse sacrifício de Garrincha. O Botafogo perderia 50% da cota de cada partida se Mané não jogasse.

Garrincha jogou e arrebentou ainda mais o joelho.

Após a cirurgia, o ciúme entrou em campo, já que o Dr. Tourinho era médico do América. Cirurgia, diga-se de passagem, paga pelo banqueiro José Luiz Magalhães Lins, amigo do jogador. A decisão de Mané valeu-lhe pesada multa e, cúmulo dos cúmulos, o responsável pelo Departamento Médico do Botafogo (genro do presidente do clube) deu ordem para não lhe darem nenhuma ajuda:

– Se o Garrincha pedir uma aspirina que seja, mandem ele apanhar com o Dr. Tourinho!

Com isso, as relações do craque com o Botafogo se deterioraram completamente.

O começo do fim

Na época da entrevista Garrincha estava praticamente sem nada. O desquite e o imposto de renda haviam levado tudo que ele possuía. E nenhum dirigente do Botafogo queria ajudá-lo. Eles haviam se esquecido de alguns sacrifícios físicos que Mané fizera pelo clube. Em 1963, por exemplo, no Torneio de Paris, o Botafogo receberia 12 mil dólares por jogo. Garrincha estava contundido, com um joelho inchado e sem condições de entrar em campo. A Seleção Brasileira havia passado pela capital francesa e não fizera boa figura. O nosso futebol andava desprestigiado na Europa. A bilheteria estava baixa. Como a presença de Mané (pelo contrato) era obrigatória, o esperto empresário declarou que, sem Garrincha, só pagaria metade da cota. Desonesto, ele chegou a cantar Mané, oferecendo-lhe uma boa quantia para não jogar.

O médico Lídio Toledo informou que podia dar uma injeção no joelho de Garrincha, sem prejudicar-lhe a saúde. Só assim ele jogaria sem dor os 90 minutos. Era uma injeção de Decatron, dolorosíssima, que tinha que ser aplicada dentro do joelho inchado. Nilton Santos, compadre e amigo de Garrincha, chegou a se aborrecer com Sandro Moreyra, quando este – depois de muita insistência dos paredros do Botafogo – pediu a Mané para atender ao Dr. Lídio. Garrincha tomou duas injeções. Deitado na cama do hotel, seguro por três pessoas, toalha enfiada na boca, para não gritar. Ele entrou em campo nas duas partidas e o Botafogo abiscoitou 24 mil dólares, dos quais apenas 200 – 100 por jogo – caberiam a Mané, em caso de vitória.

O Botafogo venceu o torneio. Garrincha jogou bem os primeiros tempos e mal os segundos. O efeito da injeção ia passando e a dor voltava, forte, funda, dentro do joelho contundido.

– Depois dos 45 minutos – contou-nos Mané – dava até vontade de chorar, cada vez que eu chutava uma bola. Passei a evitar o corpo a corpo e a centrar para a área adversária. A torcida, que queria ver os meus dribles, não gostou, mas era o que eu podia fazer para manter-me de pé até o fim da partida.

Garrincha ganhou os 200 dólares prometidos, menos da metade do que os *cartolas* gastavam, em rodadas de uísque e champanha, nos cabarés da Praça Pigalle.

Dali em diante, Mané nunca mais foi o mesmo e endiabrado ponta, que deixava seus marcadores atônitos, sem saber o que fazer. Nem mesmo a cirurgia resolveu totalmente o problema do joelho. Bebendo cada vez mais, terminou fazendo com que Elza Soares, que muito o ajudara, se afastasse dele. Foi viver com a viúva de um ex-companheiro, terminando pobre. Em parte por culpa da ganância de alguns dirigentes do Botafogo.

O outro lado de Mané

Embora Ruy Castro, em *"Estrela Solitária"*, também tenha essa opinião, para ele Garrincha morreu de alcoolismo, como o pai, seu Amaro, um guarda de segurança que faleceu vítima de cirrose.

Quando Mané faleceu, em 20 de janeiro de 1983, aos 49 anos de idade, já passara por inúmeras clínicas, mas não se recuperara do vício da bebida. Até seus últimos momentos, delirando, ele acreditava que voltaria aos gramados e daria seus dribles sensacionais. Na manhã daquele dia um enfermeiro encontrou-o morto em sua cama do sanatório.

A vida pessoal de Garrincha também foi muito tumultuada. Quando começou o romance com Elza Soares, Mané já tinha sete filhas com sua esposa,

Nair; uma menina com Iraci, sua amante oficial, e um filho, concebido numa noite de junho de 1959, durante uma viagem do Botafogo à Suécia. Inúmeras mulheres passaram pela vida de Garrincha, mas ele confessava que só amara Elza Soares. Antes mesmo de se tornar jogador de futebol profissional namorou Nair Marques, jovem operária que ele conhecera na América Fabril, onde também trabalhava. Nair ficou grávida dele e, no dia 20 de outubro de 1952, mesmo contra a vontade, Garrincha teve que casar. Dessa união nasceu uma penca de filhas: Tereza, Edenir, Marinete, Juraciara, Denízia, Maria Cecília, Terezinha e Cíntia. Oito, ao todo. Sem que nascesse, até então, um filho homem, como era desejo de Mané.

Com Iraci teve um casal, Márcia e Neném. Para contrariar Nair, registrou a filha como sua. Com Vanderléa, sua última companheira, teve mais uma filha.

Filhos homens, ele concebeu três. Apenas Ulf Lindberg, o sueco, ainda vive. Garrinchinha, filho dele com Elza Soares, e Neném, com Iraci, por fatalidade, morreram em acidentes de automóveis.

A desgraça, no entanto, por causa da bebida, sempre acompanhou Garrincha, fazendo com que ele tenha tentado o suicídio três vezes, participasse de diversos acidentes de automóvel – num deles Mané causou a morte da mãe de Elza Soares – e dezenas de internações por alcoolismo. É bom que se registre que, durante todo esse calvário, Garrincha contou com a ajuda de diversos amigos e de várias entidades assistenciais, que o ampararam financeiramente até a sua morte. Houve, inclusive, um jogo de despedida de Garrincha, no Maracanã, com a renda revertida para ele. Aconteceu no dia 19 de dezembro de 1970. 13.555 pagantes compareceram, para ver Mané e seus convidados, inclusive os jogadores estrangeiros. Garrincha não era nem sombra do que fora. Por isso, convenceram o seu marcador, o zagueiro Bruñel, a deixar-se driblar por Mané, para deleite da platéia. Aos 30 minutos do primeiro tempo o árbitro Armando Marques interrompeu o jogo para a volta olímpica de Garrincha.

    Mas todos os que tentaram ajudá-lo foram fragorosamente driblados pelo álcool.

Manuel Bandeira

Simplicidade e concisão poética

No dia 13 de outubro de 1968, aos 82 anos de idade, falecia Manuel Bandeira, considerado pela unanimidade da crítica como o maior poeta do modernismo no Brasil. Do simbolismo à poesia concreta, Bandeira adaptou-se aos mais diferentes estilos e formas poéticas, sua obra caracterizando-se pela capacidade de síntese e pela redução ao essencial tanto dos temas abordados como da linguagem utilizada. De tudo tratou o poeta, do amor à morte, freqüentemente de forma irônica mas demonstrando grande sensibilidade.

Em certa passagem da Introdução do livro *"Estrela da Vida Inteira"* (Livraria José Olympio Editora), escrevem Gilda e Antônio Cândido (de Mello e Souza): "Essa concentração em torno de dados essenciais foi aprendida lentamente, a partir da atmosfera algo difusa dos primeiros livros, onde a imprecisão dissolvia as formas e os sentimentos na bruma do pós-simbolismo. Neles já se desenha, todavia, um golpe de vista certeiro, que descarna a exuberância das coisas vistas e sentidas, para isolar o traço expressivo. A busca da simplicidade quase popular, em *"Ritmo Dissoluto"*, ajudaria este pendor, que domina a partir de *"Libertinagem"*, apurado e completado pela capacidade de pôr fora o acessório. O poeta que então se confirma não apenas discerne o nervo da realidade, mas sabe despi-lo dos adornos coloridos e melodiosos que, nos primeiros livros, dispersavam o impacto sobre o leitor. A essa altura, amadurece nele o que se poderia chamar de senso do momento poético – o tato infalível para discernir o que há de poesia virtual na cena e no instante, bem como o poder de comunicar esta iluminação."

O Espelho (de *"Ritmo Dissoluto"*)

Ardo em desejo na tarde que arde! / Oh, como é belo dentro de mim / Teu corpo de ouro no fim da tarde: / Teu corpo que arde dentro de mim / Que ardo contigo no fim da tarde!

Num espelho sobrenatural, / No infinito (e esse espelho é o infinito?...) / Vejo-te nua, como num rito, / À luz também sobrenatural, / Dentro de mim, nua no infinito!

De novo em posse da virgindade / – Virgem, mas sabendo toda a vida – / No ambiente da minha soledade, / De pé, toda nua, na virgindade / Da revelação primeira da vida!

Pneumotórax (de *"Libertinagem"*)

    Febre, hemoptise, dispnéia e suores noturnos. / A vida inteira que podia ter sido e que não foi. / Tosse, tosse, tosse.

    Mandou chamar o médico: / – Diga trinta e três. / – Trinta e três... trinta e três... trinta e três... / – Respire.

    O senhor tem uma escavação no pulmão esquerdo e o pulmão direito infiltrado. / – Então, doutor, não é possível tentar o pneumotórax? / – Não. A única coisa a fazer é tocar um tango argentino.

Na primeira página

    Manuel de Souza Carneiro **Bandeira** Filho nasceu no Recife em 1886, filho do engenheiro Manuel Carneiro de Souza Bandeira e de Francelina Ribeiro de Souza Bandeira. Durante seus primeiros anos viajou bastante com a família, instalando-se em diversas cidades: Rio, Santos, São Paulo, novamente Rio, Petrópolis e de volta a Recife. Fez os primeiros estudos no colégio das Irmãs Barreto e depois no semi-internato de Virgílio Marques Carneiro Leão. Foram quatro anos, assim descritos pelo poeta: "Quando comparo esses quatro anos de minha meninice a quaisquer outros de minha vida de adulto, fico espantado do vazio destes últimos em cotejo com a densidade daquela quadra distante."

Mais uma vez a família mudou-se para o Rio e Manuel Bandeira cursou o Externato do Ginásio Nacional (hoje Pedro II). De todos os professores – e Bandeira teve muitos e excelentes –, as melhores recordações ele guardava de João Ribeiro, que ensinava História do Brasil e Universal, e após as aulas conversava sobre literatura. "Esse, abriu-me os olhos para muitas coisas", confessaria o poeta.

É dessa época o seu primeiro poema, que, para seu orgulho, é publicado na primeira página do **Correio da Manhã**. Por influência do pai resolveu diplomar-se em Arquitetura. Foi para São Paulo e matriculou-se na Escola Politécnica. Conseguiu um emprego na Estrada de Ferro Sorocabana e à noite estudava desenho no Liceu de Artes e Ofícios. No fim do ano letivo de 1904 adoeceu dos pulmões e foi obrigado a abandonar os estudos.

Regressou ao Rio e peregrinou por diversas cidades serranas, apontadas como de clima propício para a cura da tuberculose que o atacara. Em junho de 1913 viajou para a Europa, internando-se no sanatório de Clavadel, na Suíça. E reapreendeu o alemão, esquecido nos tempos de ginásio. Conheceu e ficou amigo de Eugène Grindel (que se tornaria famoso com o nome de Paul Éluard), que também estava em tratamento naquele sanatório.

Com um bom número de poesias escritas, o jovem Manuel Bandeira tentou imprimir em Coimbra seu primeiro livro, ao qual dera o título de *"Poemetos Melancólicos"*. Para tanto escreveu uma carta para Eugênio de Castro, que não lhe deu resposta. Quando recebeu alta esqueceu os originais no sanatório e nunca mais pôde refazê-los inteiramente. Em 1914, com a guerra, voltou para o Brasil e em 1916 sofreu um grande abalo com a morte da mãe.

Finalmente, em 1917 publicou seu primeiro livro, *"A Cinza das Horas"*, com uma edição de 200 exemplares, cujo impressão, ao custo de 300 mil-réis, foi paga pelo próprio Bandeira. E leu deslumbrado a crítica elogiosa que lhe fez João Ribeiro, no **Imparcial**. Em 1919, bancado pelo pai, editou o livro *"Carnaval"*, que entusiasmou os jovens intelectuais de São Paulo, que iniciavam a revolução modernista. A obra provocou a indignação de críticos conservadores, mas entusiasmou João Ribeiro e José Oiticica, que saudaram *"Carnaval"* como um marco renovador na literatura do país.

Poema de uma quarta-feira de cinzas (de *"Carnaval"*)

Entre a turba grosseira e fútil / Um Pierrot doloroso passa. / Veste-o uma túnica inconsútil / Feita de sonho e de desgraça...

O seu delírio manso agrupa / Atrás dele os maus e os basbaques. / Este o indigita, este outro o apupa... / Indiferente a tais ataques.

Nublada a vista em pranto inútil, / Dolorosamente ele passa. / Veste-o uma túnica inconsútil, / Feita de sonho e de desgraça...

Em 1920 novo e cruel golpe: perde o pai. Foi morar, então, na Rua do Curvelo, onde residiu por 13 anos. E lá escreveu três livros: *"Ritmo Dissoluto"*, *"Libertinagem"* e *"Crônicas da Província do Brasil"*, bem como alguns poemas de *"Estrela da Manhã"*.

A estrela e o anjo (de *"Estrela da Manhã"*)

Vésper caiu cheia de pudor na minha cama / Vésper em cuja ardência não havia a menor parcela de sensualidade

Enquanto eu gritava o seu nome três vezes / Dois grandes botões de rosa murcharam

E o meu anjo da guarda quedou-se de mãos postas no desejo insatisfeito de Deus.

Em 1922 Manuel Bandeira não quis participar da Semana da Arte Moderna, realizada em São Paulo. Os promotores do evento, no entanto, escolheram "Os Sapos", um dos poemas de *Carnaval*, como uma espécie de hino do movimento. Nesse mesmo ano ele viajou para aquela capital, onde fez novas amizades: Menotti del Picchia, Couto de Barros, Paulo Prado, Luís Aranha e outros. Mário de Andrade Bandeira já conhecera no Rio de Janeiro. Na então capital do País conviveu com outros grandes da literatura, como Sérgio Buarque de Holanda, Jaime Ovalle, Prudente de Morais, neto, Dante Milano, Rodrigo M. F. de Andrade. Em 1925 ganhou o primeiro dinheiro com literatura, colaborando num suplemento de **A Noite**. Pagavam-lhe 50 mil-réis por semana. Além disso fez crítica musical para a revista **A Idéia Ilustrada**.

De 1927 a 1929 viajou pelo Brasil e escreveu crônicas semanais para o **Diário Nacional**, de São Paulo. Em 1930, publicou o livro *"Libertinagem"*, com uma tiragem de 500 exemplares, que ele mesmo custeou. Demonstrando seu ecletismo, passou a escrever crítica de cinema para o carioca **Diário da Noite** e crônicas para **A Província**, de Recife. Em 1935 foi nomeado pelo ministro Gustavo Capanema, da Educação, inspetor de ensino secundário. Em 1936, com papel presenteado por um amigo, imprimiu, na gráfica da Biblioteca Nacional, seu livro *"Estrela da Manhã"*. Apenas 47 exemplares. O papel não deu para os 50 que pretendia imprimir. Em compensação a Civilização Brasileira editou seu livro *"Crônicas da Província do Brasil"*. No ano seguinte lançou as *"Poesias Escolhidas"*, pela mesma editora. E o Ministério da Educação editou a *"Antologia dos Poetas Brasileiros da Fase Romântica"*, onde Manuel Bandeira, naturalmente, está inserido.

No mesmo ano de 1937 recebeu um prêmio (5 contos de réis) da Sociedade Felipe d'Oliveira e escreveu a um amigo: "Parece incrível, mas é verdade: aos 51 anos, nunca eu vira até essa data tanto dinheiro em minha mão." Em 1938 foi nomeado professor de Literatura do Colégio Pedro II. Em 1940 concorreu à vaga de Luís Guimarães na Academia Brasileira de Letras e foi eleito.

A partir daí, já poeta e cronista consagrado nacionalmente, a vida de Manuel Bandeira é plena de sucessos. Seu livro *"Libertinagem"* ganha fama e reconhecimento internacionais. Em 1943 saiu do Pedro II e foi lecionar Literatura Hispano-Americana na Faculdade Nacional de Filosofia; em 1946, ganhou o prêmio de poesia do IBEC, no valor de 50 mil cruzeiros; em 1948 saiu a primeira edição de seu livro *"Mafuá do Malungo"*, impresso em Barcelona por João Cabral de Mello Neto.

Magu (de *"Mafuá do Malungo"*)

Magu, Magu, maga magra, / Magra Magu... Mas no corpo / – Como as pequeninas ilhas – / Tem as suas redondezas, / Redonduras, redondelas, / Redondilhas!

Magu é Maria Augusta, / Mas não tem nada de Augusta / E é bem pouco Mariana. / Magu!

Magu?...Maguzinha! / Magra Magu, besourinho / Cor de havana.

Entre novas edições de suas obras, traduziu vários livros e ainda encontrou tempo para organizar, em 1949, para a editora Pongetti, a obra *"Literatura Hispano-Americana"*. Em 1952, para a mesma editora, escreveu a biografia de Gonçalves Dias. Em 1954 lançou *"Itinerário de Pasárgada"*. Em 1955 passou a escrever crônicas para o **Jornal do Brasil**, do Rio, e **Folha da Manhã**, de São Paulo. Em 1957, sentindo-se cansado, fez uma viagem de recreio à Europa. Continuou traduzindo tudo de bom que do estrangeiro lhe caía nas mãos. Escreveu para o rádio e em 1965, com Carlos Drummond de Andrade, organizou o livro *"Rio de Janeiro em Prosa & Verso"*, editado pela José Olímpio. Nesse mesmo ano foi lançado o álbum *"Preparação para a Morte"*, 13 poemas autografados, com vinhetas do autor, e 7 litografias originais de João Quaglia, com tiragem de 100 exemplares.

Canção para a minha morte
(de *"Preparação para a Morte"*)

Bem que filho do Norte, / Não sou bravo nem forte. / Mas, como a vida amei / Quero te amar, ó morte, / – Minha morte, pesar / Que não te escolherei.

Do amor tive na vida / Quanto amor pode dar: / Amei, não sendo amado, / E sendo amado, amei. /

Morte, em ti quero agora / Esquecer que na vida / Não fiz senão amar.

Sei que é grande maçada / Morrer, mas morrerei / – Quando fores servida – / Sem maiores saudades / Desta madrasta vida, / Que, todavia, amei.

Os Sapos (de *"Carnaval"*)

Enfunando os papos, / Saem da penumbra, / Aos pulos, os sapos. / A luz os deslumbra.

Em ronco que aterra, / Berra o sapo-boi: / – "Meu pai foi à guerra!" / – "Não foi!" – "Foi!" – "Não foi!".

O sapo-tanoeiro, / Parnasiano aguado, / Diz: – "Meu cancioneiro / É bem martelado."

Vede como primo / Em comer os hiatos! / Que arte! / E nunca rimo / Os termos cognatos.

O meu verso é bom / Frumento sem joio. / Faço rimas com / Consoantes de apoio.

Vai por cinqüenta anos / Que lhes dei a norma: / Reduzi sem danos / A formas a forma.

Clame a saparia / Em críticas céticas; / Não há mais poesia, / Mas há artes poéticas..."

Urra o sapo-boi: / – "Meu pai foi rei" – "Foi!" / – "Não foi!" – "Foi!" – "Não foi!".

Brada em um assomo / O sapo-tanoeiro: / – "A grande arte é como / Lavor de joalheiro.

Ou bem de estatuário. / Tudo quanto é belo, / Tudo quanto é vário, / Canta no martelo."

Outros, sapos-pipas / (Um mal em si cabe) / Falam pelas tripas: / – "Sei!"– "Não sabe!"– "Sabe!".

Longe dessa grita, / Lá onde mais densa / A noite infinita / Verte a sombra imensa;

Lá, fugido ao mundo, / Sem glória, sem fé, / No perau profundo / E solitário, é;

Que soluças tu, / Transido de frio, / Sapo-cururu / Da beira do rio...

Olavo Bilac

O poeta das estrelas

"Ora (direis) ouvir estrelas! Certo
Perdeste o senso!" E eu vos direi, no entanto,
Que para ouvi-las muita vez desperto
E abro as janelas, pálido de espanto...

E conversamos toda a noite, enquanto
A Via Láctea, como um pálio aberto,
Cintila. E, ao vir do sol, saudoso e em pranto,
Inda as procuro pelo céu deserto.

Direis agora: "Tresloucado amigo!
Que conversas com elas? Que sentido
Tem o que dizem quando estão contigo?"

E eu vos direi: "Amai para entendê-las!
Pois só quem ama pode ter ouvido
Capaz de ouvir e de entender estrelas."

    Todos aqueles que gostam de poesia já ouviram ou leram esses versos. Os mais ilustrados, naturalmente, conhecem o seu autor: Olavo Bilac. E poderão localizá-los em seu primeiro livro, *"Poesias"*, de 1888.

    Seu nome todo era Olavo Braz Martins dos Guimarães Bilac, impróprio para alguém que desejava se popularizar. Reduziu-o e tornou-se famoso, transformando-se no maior representante do parnasianismo em nosso país.

O parnasianismo aqui e lá fora

O parnasianismo, que se desenvolveu na poesia a partir de 1850, nasceu na França, precedendo de algumas décadas o simbolismo. Como informação, essa escola literária foi assim batizada para lembrar o Parnaso, região mitológica grega onde moravam os poetas. De acordo com os parnasianistas, "o estilo desse movimento caracteriza-se pelo respeito às regras de versificação, pela riqueza da rima e pela preferência por estruturas fixas, como os sonetos. Valoriza a descrição objetiva, a escolha de palavras precisas e as frases invertidas. O emprego da linguagem figurada é reduzido, e valorizam-se o exotismo e a mitologia. Os principais temas são os fatos históricos, objetos e paisagens."

O primeiro grupo de parnasianos de língua francesa, que rejeitavam o lirismo, era formado por Théophile Gautier (1811-1872), Lacomte de Lisle (1818-1894), Théodore de Banville (1823-1891) e José Maria de Heredia (1842-1905), este de origem cubana. Essa escola literária chegou ao Brasil pelos escritores Artur de Oliveira (1851-1882) e Luís Guimarães Júnior (1845-1898), tendo sido apresentada ao público do Rio de Janeiro durante uma polêmica em versos, travada entre jornais cariocas. Ficou conhecida como a Batalha do Parnaso e desde logo Olavo Bilac aderiu ao movimento, atacando o romantismo e exaltando os novos valores. É de Teófilo Dias *"Fanfarras"*, a primeira produção parnasiana em nosso país. Bilac, com o livro *"Poesias"*, dividido em três partes (Panóplias, Via Láctea e O Caçador de Esmeraldas), vem logo a seguir. Acompanham-no Raimundo Correia (1860-1911), Vicente de Carvalho (1866-1924) e Alberto de Oliveira (1857-1937). Em sua obra *"Poesias"*, impressa em Portugal, Bilac trata de temas voltados para a Antigüidade Clássica e ligados à História do Brasil, em tom patriótico. Ao contrário de Raimundo Correia, que, com o seu "Primeiros Sonhos, Sinfonias e Aleluias", apresenta um caráter pessimista do mundo.

Nem médico nem advogado

Olavo Bilac nasceu a 16 de dezembro de 1865 no Rio de Janeiro, onde faleceu a 28 de dezembro de 1918, aos 53 anos de idade. Passou a juventude na incerteza do que realmente desejava ser. Ingressou em duas faculdades: de Medicina, no Rio de Janeiro, e de Direito, em São Paulo, mas não completou nenhum dos dois cursos. Depois da estada na capital paulista, voltou ao Rio e iniciou a carreira de jornalista, passando a colaborar regularmente em revistas e jornais.

Desde logo Bilac colocou-se, politicamente, em oposição ao Governo, defendendo, entre outras causas, a da abolição da escravatura. Sua principal tribuna era o jornal **A Cidade do Rio**, de José do Patrocínio, dos abolicionistas o mais ferrenho. Em 1890, Bilac chegou a ser correspondente desse diário em Paris.

Em fevereiro de 1892 a Fortaleza de Santa Cruz (RJ) revoltou-se contra o governo ditatorial de Floriano Peixoto, que queria manter a ordem e a autoridade a ferro e fogo. **A Cidade do Rio**, embora veículo de pouca expressão, mas contrário à repressão e em nome da liberdade de pensamento, partiu para briga. Entre os que discordavam do presidente da República, combatendo na linha-de-frente, estava Olavo Bilac. Patrocínio redigiu um violento artigo intitulado "Mais sangue", em que tomava o partido dos militares rebelados. O jornal aumentou a sua tiragem e passou a incomodar o Governo. A 6 de abril daquele ano, **A Cidade do Rio** divulgou o manifesto dirigido a Floriano por generais e almirantes. O presidente deu o troco, decretando o estado de sítio e punindo os signatários do manifesto. José do Patrocínio, Olavo Bilac, Wandenkolk, Pardal Mallet, entre outros, foram enviados para cidades distantes. Patrocínio foi confinado em Cucuí, às margens do rio Negro, onde também se encontrava Campos da Paz, companheiro de luta pelo fim da escravidão em nosso país. Bilac, além de perder o cargo que ocupava no serviço público do Rio de Janeiro, foi mandado preso para Ouro Preto. Beneficiado pela anistia, regressou à capital, passando a dedicar-se à propaganda do serviço militar obrigatório. Por isso o dia do seu nascimento (16 de dezembro) foi posteriormente escolhido como o do Reservista. Bilac acreditava que essa seria uma forma acertada de combater o analfabetismo.

Bilac exerceu diversos cargos públicos, como oficial da Secretaria do Interior, no Rio de Janeiro, inspetor escolar do antigo Distrito Federal, e foi secretário da III Conferência Pan-Americana do Rio de Janeiro (1906) e delegado ao Congresso Pan-Americano de Buenos Aires.

No combate ao mosquito

Olavo Bilac sempre foi um lutador, colocando-se à frente das causas que julgava serem a favor do povo brasileiro. Foi assim, por exemplo, quando o presidente Rodrigues Alves assumiu a presidência da República, em dezembro de 1902, divulgando que as metas prioritárias do seu governo eram a remodelação e saneamento do Rio de Janeiro. Assim que tomou posse ele passou a cumprir o que prometera, rasgando grandes avenidas (a Central, atual Rio Branco, e a Beira-Mar, ao longo da margem da Baía de Guanabara); alargando algumas ruas do Centro (Uruguaiana, Carioca, Assembléia, Treze de Maio, Marechal Floriano) e construindo, por toda a cidade, amplos e belos jardins, como os do Campo de São Cristóvão e da Praça Tiradentes. Quanto a esta parte, Bilac mostrou-se saudoso: "A cidade cresceu, civilizou-se. Os bairros, outrora quase desertos e cheios de chácaras enormes, onde se queimavam as fogueiras de São João, estão hoje cortados de ruas entrecruzadas, cheias de casas pequenas, empilhadas umas sobre as outras. No perímetro da cidade é impossível soltar um balão sem risco de incendiar um prédio ou um quarteirão."

No que se refere ao saneamento da cidade, no entanto, Bilac colocou sua pena e coragem em defesa das atitudes assumidas por Rodrigues Alves. Naquela época a febre amarela tomara conta do Rio de Janeiro e estava matando centenas de pessoas. O presidente entregou, então, ao médico e higienista paulista Oswaldo Cruz (1858-1917) a ingente tarefa de acabar com a epidemia. Desde logo ele descobriu que a terrível moléstia era transmitida por um mosquito, *stegomia fasciata*, que tinha que ser combatido de todas as formas possíveis. Boa parte da imprensa e a quase totalidade da população do Rio de Janeiro, inconformadas, moveram-lhe insidiosa campanha de descrédito. Pessoas influentes chegaram a procurar Rodrigues Alves, pedindo que ele demitisse Oswaldo Cruz, mas o presidente não lhes atendeu. Impressionado com a pertinácia do sanitarista, o presidente ficou ao seu lado. E comentou: "É impossível que esse moço não tenha razão."

A ignorância dos fatos era tanta que a revista **O Malho**, famosa por suas críticas irônicas, passou a gozar a campanha. Num dos seus números, publicou um artigo onde escreveu que "já não são só os jornais nem só os deputados que se manifestam contrários a idéia de dar 5.500 contos de réis a um grupo de moços bonitos e felizardos, para que eles se ocupem de matar mosquitos que fazem a febre amarela. Agora são pais de família que se revoltam contra a medida que se pensa em converter em lei, segundo a qual será permitido aos funcionários da higiene devassar o lar do cidadão e desrespeitar as famílias, e o mais completo abuso em desfavor da liberdade e da independência do povo."

Oswaldo Cruz, porém, estava certo. Em relatório enviado ao Governo contava que, para 469 óbitos dos primeiros seis meses de 1903, só havia 39 para igual período em 1904, graças a sua pertinaz campanha. Em 1906, a moléstia foi considerada extinta sob a forma epidêmica. Olavo Bilac, celebrando o auspicioso acontecimento, escreveu: "Parece mentira, mas é verdade: estamos em fevereiro, as cigarras estouram, o sol incendeia a cidade – e não há febre amarela!"

Os modernos baixam o pau

Nem sempre os parnasianos navegaram num mar de rosas em nosso país. Eles também tiveram seus inimigos e detratores, como Mário de Andrade (1893-1945), um dos organizadores da Semana de Arte Moderna e líder do modernismo, que escreveu uma série de artigos no **Jornal do Commercio**, em agosto de 1921, criticando os nomes mais idolatrados da poesia nacional, como Olavo Bilac, Raimundo Correia e Vicente de Carvalho. O título dos trabalhos era provocativo: "Mestres do passado". Querendo dizer, naturalmente, ultrapassados. Agressivo, irônico e com muito humor, Mário analisou-os um a um, procurando, no seu entender, revelar suas fraquezas poéticas. Olavo Bilac entrou nessa.

Depois que se tornou jornalista, Bilac nunca mais parou de trabalhar na imprensa. Em 1895 José Veríssimo (1857-1916) fundou a **Revista Brasileira**, com sede na Rua Nova do Ouvidor. Todas as tardes, "sob o pretexto de uma generosa xícara de chá", como comentaria anos depois Rodrigo Otávio (1892-1969), reuniam-se os escritores e políticos daquela época, liderados por Machado de Assis (1839-1909),

José Veríssimo, Joaquim Nabuco (1849-1910) e o Visconde da Taunay (1795-1881). Olavo Bilac fazia parte do grupo. Quando a **Revista Brasileira** desapareceu, esses intelectuais instalaram-se na nova Livraria Garnier, que ficava próxima à redação daquele mensário. À direita de quem entrava lá estava costumeiramente Machado, rodeado por Veríssimo, Mário de Alencar, Alberto de Oliveira, Olavo Bilac, Rodrigo Otávio e Oliveira Lima.

Em 1917 Monteiro Lobato (1882-1948) resolveu dedicar-se exclusivamente à literatura, vendendo a fazenda que herdara do pai e mudando-se para Caçapava (SP), onde fundou a revista **Paraíba**, que circulou por doze números, e convidou Olavo Bilac para ser seu colaborador, ao lado de Menotti del Picchia, Coelho Neto, Guilherme de Almeida e Cassiano Ricardo.

O príncipe dos poetas

Olavo Bilac nunca descurou de seu trabalho intelectual. Graças à poesia tornou-se muito popular, principalmente entre as mulheres. Notável conferencista, numa época que era moda fazer conferências na capital do País, terminou sendo o poeta mais lido no Brasil nos dois primeiros decênios do século XX. Seus sonetos eram decorados e declamados em toda parte, principalmente nos saraus e salões literários.

Amigo de Machado de Assis, aderiu à idéia da fundação da Academia Brasileira de Letras, inaugurada em 20 de julho de 1897, dela ocupando a cadeira número 15. Quando Machado perdeu o maior amor de sua vida, a esposa Carolina, os mais íntimos tentaram inutilmente consolá-lo. Sobre esse triste acontecimento escreveu Olavo Bilac, após o falecimento de Machado: "A tristeza endurece, irrita, encoleriza o comum dos homens... da sua tristeza nasceu a sua bondade, uma bondade larga e compassiva; Machado de Assis não odiou os homens; teve pena de todos eles, porque teve pena de si mesmo..."

Ao lado do lirismo, sua qualidade mais apreciada, Bilac apresenta uma tonalidade épica, destacada principalmente no poema "O Caçador de Esmeraldas", quando celebra os feitos e sobretudo a desilusão e morte do bandeirante Fernão Dias Pais. Aos poucos, o parnasianismo vai dando lugar a uma filosofia feita de contemplação, de reflexão sobre a morte e o destino humano. São dessa fase os volumes *"Tarde e Alma Inquieta"*.

Além das obras já citadas, cabe acrescentar *"Crônicas e novelas"* (1894); *"Crítica e Fantasia"* (1904); *"Conferências Literárias"* (1906-12); *"Discursos"* (1915); *"Ironia e Piedade"* (1916) e *"Últimas Conferências"* (1924).

Para terminar, duas curiosidades: Olavo Bilac compôs a letra do Hino à Bandeira (musicado por Francisco Braga), em 1907, e foi aclamado como o "Príncipe dos Poetas Brasileiros". Talvez por pilhéria há quem afirme que ele colocou, na letra do Hino à Bandeira a frase "Salve símbolo augusto da paz" por causa do seu alfaiate, que se chamava Augusto da Paz.

Papa João Paulo II

O defensor da paz

Mesmo aqueles que não professam a religião católica hão de concordar que o Papa João Paulo II era uma pessoa caridosa e cheia de boas intenções quanto ao futuro da humanidade.

Depois de muito sofrimento, o Sumo Pontífice faleceu no dia 2 de abril de 2005. Oito dias depois o jornal italiano **La Stampa** publicou uma reportagem intitulada *"Ecco il miracolo di Wojtyla"*. Nela afirmava que o secretário pessoal de João Paulo II, o arcebispo Stanislaw Dziwisz, presenciara um milagre praticado pelo falecido pontífice. O milagre teria ocorrido em 1998, com um norte-americano que sofria de câncer. Após receber a comunhão das mãos de João Paulo II, ele ficou curado.

Sobre o mesmo assunto a **Rádio Caracol**, da Colômbia, em 1990, divulgou outro milagre atribuído ao saudoso Papa. Segundo declarou a emissora, um jovem mexicano, vítima de leucemia, começou a melhorar e ficou curado após ter recebido a benção de João Paulo II. Uma jovem colombiana também teria ficado boa de uma enfermidade tida como incurável, após receber a mesma benção.

Tenha sido ou não por intercessão do Papa João Paulo II, a verdade é que as reportagens apresentaram dezenas de testemunhos que garantiam que os enfermos, embora desenganados pelos médicos, haviam se curado milagrosamente.

Aquele que seria o primeiro Papa não italiano em 450 anos (desde o holandês Adriano VI, no século XVI) exerceu o pontificado até a data de sua morte, ocupando o terceiro papado mais longo da história do Catolicismo.

Um homem bom

Quem era, afinal, esse polonês? Seu nome de batismo era Karol Jösef Wojtyla. Nasceu na cidade de Wadowice, ao Sul da Polônia, no dia 18 de maio de 1920. Herdou o nome do seu pai, tenente do exército dos Habsburgos. Sua família vivia com certa dificuldade, já que o soldo de tenente era insuficiente para sustentá-la. O irmão de Karol, Edmund, assumiu essa responsabilidade, formando-se em Medicina.

A fatalidade, no entanto, esteve presente na infância e juventude de Karol. Sua mãe, Emília, faleceu em 1929, quando ele tinha apenas nove anos. Dois anos depois, o irmão morria de escarlatina. E antes de ele completar 22 anos o pai também faleceu. Na mesma época em que a Polônia enfrentava o exército alemão, na Segunda Guerra Mundial. Muitos dos seus amigos e colegas foram mortos pelos nazistas.

    Colaborando a seu modo com a resistência polaca, Karol trabalhava no teatro, em peças que enalteciam sua pátria. Ao mesmo tempo em que se dedicava à música popular e à literatura. Mesmo com risco de vida, Karol mantinha contato com a ameaçada comunidade de Cracóvia. Durante a ocupação nazista foi obrigado a trabalhar numa fábrica de produtos químicos, a fim de evitar a sua deportação para a Alemanha de Hitler. Até então ele vivia como todos os outros jovens da sua idade, dentro dos limites permitidos pelos invasores.

    Jogava, inclusive, futebol, tendo atuado como goleiro numa equipe amadora de Wadowice. Embora tenha tido algumas namoradas, chegando até a noivar com uma delas, Karol Wojtyla terminou compreendendo qual era a sua função na Terra. No dia 1 de novembro de 1946 foi ordenado sacerdote católico pelo bispo de Cracóvia.

    Tornou-se professor de Ética na Universidade Jagieloniana de Cracóvia e, mais tarde, na Universidade Católica de Lublin.Comprovando sua vocação, em 1958 foi nomeado bispo auxiliar de Cracóvia e em 1962 alcançou o cargo máximo na sua diocese. O

Papa Paulo VI, em 30 de dezembro de 1963, nomeou-o arcebispo de Cracóvia. Nessa qualidade, Wojtyla participou do Concílio Vaticano II, contribuindo para a redação de documentos que se transformariam na "Declaração sobre a Liberdade Religiosa" (*"Dignitatis Humanae"*) e na Constituição Pastoral da Igreja no Mundo Moderno (*"Gaudium et Spes"*), as duas resoluções mais importantes daquele concílio. Em 1967 Karol Wojtyla foi elevado a cardeal pelo Papa Paulo VI.

Papa por acaso

Quando do falecimento de Paulo VI, Karol estava presente no conclave que escolheria seu substituto. Foi eleito Albino Luciani, como João Paulo I, que teve um dos mais curtos pontificados da história, falecendo de morte suspeita. Karol recebeu a triste notícia pelo seu motorista, 33 dias depois de voltar a Cracóvia.

Ao regressar a Roma foi eleito o novo Papa, em 16 de outubro de 1978, sendo o mais novo desde Pio IX. Isso constituiu uma surpresa, já que os mais cotados eram o conservador arcebispo de Genova, Giuseppe Siri, e o liberal arcebispo de Florença, Giovanni Benelli. Muitos acreditam que a eleição de Karol Wojtyla tenha sido uma forma de solucionar o impasse.

O fato é que Karol adotou o nome de João Paulo II, numa homenagem ao seu antecessor, e demonstrou desde logo que era um ferrenho defensor da paz e da concórdia entre os povos, partindo sempre em defesa dos direitos humanos e das nações. Voltado totalmente para o seu trabalho de evangelização, suas viagens por quase todo o mundo, sempre aclamado por multidões por onde passava, ultrapassaram em número e extensão as de todos os seus antecessores juntos. Sonhando em reunir todas as religiões, objetivando a paz entre os povos, nunca se negou a participar de eventos ecumênicos, sendo o primeiro Papa a pregar numa igreja luterana e numa mesquita; o primeiro a visitar o Muro das Lamentações, em Jerusalém – onde pediu perdão pelos erros e crimes cometidos pelos filhos da Igreja no passado – e procedeu a 147 beatificações e 51 canonizações, nas quais foram proclamados 1338 beatos e 482 santos. Escreveu 14 encíclicas e fez 100 viagens fora da Itália, visitando 129 países e mais de 100 localidades. Sempre muito afetuoso e simpático, tornou-se o Papa mais popular dos meios de comunicação.

A reconciliação com os judeus marcou a sua viagem à Terra Santa em março de 2000 e concorreu para melhorar as relações entre as duas religiões.

Suas lutas contra o comunismo na Polônia e demais nações do Leste europeu e de outras partes do mundo, bem como suas críticas ao mundo ocidental capitalista, opulento e egoísta, em defesa do chamado Terceiro Mundo e dos pobres, marcaram de forma indelével o seu pontificado. Nunca deixou de externar sua opinião, ainda que isso desgostasse aqueles que o acolhiam. Em sua visita a Cuba, em janeiro de 1998, que marcou o fim de 39 anos de tensas relações entre a Igreja Católica e o governo de Fidel Castro, condenou o embargo econômico dos Estados Unidos àquele país. Ao mesmo tempo em que, em 2003, por intermédio do cardeal Ângelo Sodano, enviou uma carta a Fidel, criticando as duras penas impostas a numerosos cidadãos cubanos, bem como as condenações à morte.

João Paulo II no Brasil

O Papa João Paulo II visitou o Brasil três vezes. Na primeira, em junho de 1980, percorreu 13 cidades em apenas 12 dias; chegou por Brasília e partiu por Manaus; a segunda foi em outubro de 1991, quando visitou sete cidades e fez 31 discursos e homilias; a terceira aconteceu em outubro de 1997. João Paulo II sempre demonstrou muito afeto pelo Brasil, a nação com mais católicos em todo o mundo.

O criminoso atentado

Apesar de sua idade, João Paulo II tinha uma energia incomum e nunca se furtou a enfrentar os obstáculos que surgiam em seu caminho. Esportista, até pouco tempo antes do atentado à bala que sofreu, costumava esquiar na neve. Infelizmente, no dia 13 de maio de 1981, em plena Praça de São Pedro, no Vaticano, durante a audiência pública realizada sempre às quartas-feiras, o turco Mehemed Ali Agca disparou três vezes contra João Paulo II a menos de sete metros de distância, ferindo gravemente o estômago, a mão esquerda e o cotovelo do pontífice. O Papa perdeu muito sangue, chegou ao Hospital Gemelli quase inconsciente. Foi submetido a uma cirurgia de mais de cinco horas para retirar parte dos intestinos. Até hoje, tanto tempo passado, esse crime não foi devidamente esclarecido, embora as maiores suspeitas apontem como mandante o serviço secreto soviético, irritado com a sua forte influência na política polonesa.

    O jovem extremista de ultradireita Mehmet Ali Agca foi condenado a prisão perpétua. Daí em diante a saúde de João Paulo II não foi mais a mesma, embora ele, com enorme força de vontade, procurasse esconder seus males dos que o cercavam, continuando a trabalhar como se nada tivesse acontecido. Dois anos após o atentado João Paulo II visitou o criminoso na cadeia de Ancona, na região central da Itália e lhe perdoou. Em 2000 Agca ganhou a anistia da Justiça italiana e foi extraditado para a Turquia, onde cumpre pena pelo assassinato do jornalista Abdi Ipecki em 1978.

A Igreja Católica, em 2000, deixou o mundo perplexo quando revelou que o terceiro segredo de Fátima, Portugal, onde Nossa Senhora teria aparecido para três crianças em 1917, guardado a sete chaves, tinha relação com o atentado a João Paulo II. O próprio Papa, quando convalescia, teria declarado que a Virgem Maria desviara as balas, salvando a sua vida. E o secretário do Vaticano, Ângelo Sodano, informou que o terceiro mistério anunciado aos jovens pastores era a imagem de um bispo, que vestido de branco, caminhava entre os corpos de mártires, vítimas de disparos de arma de fogo.

A Praça de São Pedro é rodeada de estátuas de santos e mártires. Coincidência ou não, essa revelação pôs fim a um antigo segredo, com várias versões, inclusive a do fim do mundo. O manto que João Paulo II vestia no dia do atentado foi depositado em um templo da Virgem Maria, em Chestocova, Polônia, em 1983.

A primeira visita de João Paulo a Portugal, em maio de 1982, ocorreu um ano após o atentado. Nessa ocasião ele depositou no altar de Nossa Senhora de Fátima uma das balas que o atingiram e agradeceu à Virgem Maria por tê-lo salvado. Hoje o projétil encontra-se na coroa de Nossa Senhora de Fátima, no Santuário de Fátima.

Embora procurasse disfarçar, seus mais íntimos sabiam que ele estava sofrendo de sérios problemas ósseos no quadril, costelas e joelhos, além de ser vítima da doença de Parkinson, que afetava dolorosamente seus movimentos. Em 24 de fevereiro de 2005, para que melhor pudesse respirar, sofreu uma traqueostomia no Hospital Gemelli, em Roma. Já bastante debilitado, João Paulo II faleceu ás 21h37 (hora de Roma) do dia 2 de abril de 2005, pouco antes de completar 85 anos. A seu pedido, seu corpo não foi embalsamado. Ele deixou estas instruções quanto ao seu funeral: "Repito a mesma ordem dada pelo Santo Padre Paulo VI: enterro em terra nua, não em um sarcófago."

O dia 8 de abril de 2005, uma sexta-feira, surgiu nublado em Roma. Uma incalculável multidão de fiéis despediu-se de João Paulo II após uma missa campal de corpo presente, celebrada em frente à basílica de São Pedro, pelo cardeal alemão Joseph Ratzinger, considerado o braço direito de João Paulo II. Durou exatas 2 horas e 25 minutos, em italiano e em latim, com trechos em inglês e em francês. Após a missa o corpo do pontífice foi sepultado diretamente sob terra, debaixo de uma lápide de mármore branco, na cripta da basílica, no mesmo local onde ficou o corpo do Papa João XXIII (1958-1963) até a sua beatificação, em 2000.

Como era esperado, o cardeal Ratzinger foi eleito sucessor de João Paulo II, sendo o 265º Papa, com o nome de Bento XVI.

No dia 13 de maio de 2005 Bento XVI fez uma exceção quanto à beatificação de João Paulo II – do mesmo modo como este havia feito em relação à Madre Teresa de Calcutá – e abriu mão do que diz o *Código de Direito Canônico*, abrindo o processo.

Paulo Machado de Carvalho

O marechal da vitória

O descrédito quanto ao selecionado brasileiro de futebol que ia disputar o Campeonato do Mundo em 1958 na Suécia era quase total. Não só entre os brasileiros, como na mídia estrangeira. A conceituada revista francesa **France Football** chegou a dizer que, embora reconhecendo o talento dos nossos craques, dificilmente faríamos boa figura nos campos suecos. Isto porque o jogador brasileiro tinha nervos sensíveis, era temperamental, imaturo, estava despreparado para um campeonato como aquele. Motivos não faltavam para terem essa opinião, depois dos fracassos de 1950 e 1954, o primeiro em pleno estádio do Maracanã. Acrescia o fato de um triste espetáculo de indisciplina, dado em 1956 durante uma excursão da seleção brasileira à Europa. O jogo com a Áustria, em Viena, terminara em pancadaria, os nossos chegando a agredir o árbitro.

No dia 14 de março de 1958 João, Havelange assumira a presidência da então CBD – Confederação Brasileira de Desportos –, em substituição a Sílvio Padilha, e prometia corrigir tudo que estava errado no nosso futebol. Sua primeira e grande tarefa era escolher o técnico que ia dirigir a seleção. Os nomes foram surgindo e, por uma ou outra razão, sendo deixados de lado: Flávio Costa, Zezé Moreira, Fleitas Solich, Martim Francisco, Osvaldo Brandão...

Por coincidência, João Havelange recebera um plano, voltado para a Copa de 1958, de autoria de Paulo Machado de Carvalho. Embora não fosse muito conhecido em todo o Brasil, Paulo Machado tinha enorme conceito entre a imprensa e os empresários paulistas, que o consideravam um vencedor. Advogado e empresário bem sucedido, tendo estudado dois anos na Suíça, dono de emissoras de rádio e televisão, benquisto nos meios esportivos, seu plano agradou a Havelange. A turma do contra, no entanto, chegou a ridiculariza-lo, não aceitando aquela história de comissão técnica, com um chefe, um supervisor, uma equipe médica, um psicólogo e até um dentista. Um dos mais conceituados cronistas esportivos, Mário Filho, proprietário do **Jornal dos Sports**, taxou tudo de bobagem.

Mesmo assim, Havelange aprovou o plano de Paulo Machado de Carvalho. Depois que ganhamos pela primeira vez a Copa Jules Rimet, obviamente todos passaram a elogiá-lo.

Paulo Machado arregaçou as mangas e passou a dedicar-se ao que planejara, inclusive resolvendo a escolha do técnico. Após ser indicado por Havelange para chefiar a comissão técnica, ele indicou Vicente Feola. Simpático, tranqüilo, boa praça, incapaz de ofender quem quer que fosse, Feola só fizera amigos em trinta anos no futebol. Tinha na época 49 anos, mas seu passado como técnico não era dos mais promissores. Entre outras coisas, fora auxiliar de Flávio Costa na Copa de 1950. De melhor, tinha dirigido o time do São Paulo e a seleção paulista.

De cara, Feola ganhou fácil os jogadores, que passaram a vê-lo mais como um pai, do que como um técnico. Quando um craque tinha um problema, ia a Paulo Machado de Carvalho e este resolvia na hora, fosse o pagamento atrasado do aluguel da casa ou do colégio dos filhos, a rusga com a esposa etc. Os demais membros da comissão técnica também tinham sido escolhidos a dedos. O supervisor Carlos Nascimento era o "homem mau", que comandava a disciplina; o médico Hilton Gosling, perfeccionista, fez um completo *check-up* em todos os jogadores convocados e escolheu Mário Trigo, o cirurgião dentista. E este último deixou a boca dos craques em perfeito estado, já que a maioria tinha os dentes estragados por medo do boticão e do motor do consultório dentário. Além disso, Mário Trigo era um gozador de primeira e sabia inúmeras anedotas, que divertiam os craques. Razão pela qual, embora não precisassem mais dele, Paulo Machado colocou-o entre os que viajaram para à Suécia. Quando a coisa apertava, o dentista trazia a alegria e o otimismo. O psicólogo, João Carvalhaes, 40 anos, não era na verdade psicólogo, mas um sociólogo licenciado em psicologia. A ele caberia avaliar a inteligência e o equilíbrio psicológico dos jogadores. Em 1954 Paulo Machado de Carvalho levara-o para aplicar os seus testes nos jogadores do São Paulo. E, mais tarde, nos candidatos a árbitros e bandeirinhas da Federação Paulista.

Antes da seleção chegar à Suécia, o time brasileiro jogou dois amistosos: com a Fiorentina e com o Internazionale. Na primeira partida aconteceu algo inusitado, nunca visto numa partida de futebol. Garrincha driblou toda a defesa da Fiorentina e, diante do gol vazio, ficou parado com a bola nos pés, aguardando que um dos zagueiros viesse toma-la. E só então, depois de driblá-lo, jogou a bola no fundo das redes, com o goleiro totalmente batido. Carvalhaes, por causa desse lance, considerou Garrincha um irresponsável, com um QI muito baixo para disputar uma Copa do Mundo. Razão pela qual, nos dois primeiros jogos na Suécia, Mané ficou no banco, substituído por Joel.

Paulo ganha os craques

Voltemos a Paulo Machado de Carvalho, inegavelmente o artífice da nossa vitória em 1958. Advogado e empresário, ele nasceu em São Paulo no dia 8 de novembro de 1901. Foi presidente do São Paulo Futebol Clube, vice-presidente da Federação Paulista de Futebol e como empresário destacou-se na área da mídia, formando um grupo de empresas que incluía a TV Record, Rádio Record, Rádio Panamericana (Jovem Pan) AM e Rádio Panamericana (Jovem Pan) FM. Graças a seu espírito empreendedor, no final dos anos 50 a TV Record competia de igual para igual com a Tupi, de Assis Chateaubriand. Na década de 60 chegou a dominar vários e importantes horários, com programas como o humorístico "Família Trapo", estrelado por Ronald Golias, e o divertido "Esta noite se improvisa", que marcou a estréia na televisão de Chico Buarque e Caetano Veloso.

 Tinha 57 anos quando foi escolhido para chefiar a delegação brasileira que viajou para a Suécia em 1958. Como a FIFA ainda não tivesse depositado o dinheiro para as primeiras despesas na Suécia, referentes ao cachê dos dois amistosos na Itália, 30 mil dólares no total, Paulo Machado de Carvalho contava com o adiantamento que seria feito pela Fiorentina. Como isso não aconteceu, ele ameaçou com o cancelamento do jogo com o Internazionale. Prevendo um desastre, a Federação Italiana de Futebol adiantou o dinheiro.

 Todos os jogadores brasileiros gostavam do jeito com que Paulo Machado os tratava. Antes da seleção brasileira entrar em campo, o "Dr. Paulo", como o chamavam, fazia uma prece no vestiário, acompanhado por toda a delegação: "Meus irmãos da Copa. Viemos aqui para ganhar e vamos ganhar. Estou com vocês para o que der e vier." Terminava fazendo o sinal-da-cruz, no que era imitado por todos os presentes.

Alguns jogadores, notadamente Didi e Nilton Santos, não compreendiam porque Garrincha ficara no banco, nos dois primeiros jogos do Brasil, entrando Joel em seu lugar. E tanto insistiram com Paulo Machado de Carvalho e Feola, que o primeiro incumbiu-se de convencer Joel a dar a sua vaga ao Mané, justamente contra a União Soviética. Joel, compreensivo, cedeu.

Antes desse jogo, Carvalhaes aplicou o costumeiro teste nos jogadores escalados e, dos 11, só aprovou Pelé e Nilton Santos. Feola entendeu-se com Paulo Machado de Carvalho e colocou em campo os craques que ele havia selecionado, inclusive Garrincha no lugar de Joel. E nunca mais deu bola para o psicólogo. Antes do último jogo contra a Suécia, os jornalistas entraram no nosso vestiário, querendo que os jogadores falassem com seus familiares no Brasil, através do rádio. Feola, demonstrando que não era uma figura apática como diziam, botou-os pra fora, inclusive os repórteres das rádios Record e Panamerica, emissoras pertencentes a Paulo Machado de Carvalho. Estes foram se queixar e Paulo Machado mandou-os embora, dizendo que Feola tinha razão.

Dias antes do jogo final, um impasse. Os jogadores suecos atuavam com uma camisa amarela, bem semelhante à nossa. Por mais que Paulo Machado de Carvalho insistisse, os suecos não quiseram trocá-las. Pensaram em jogar com a camisa branca, mas lembraram que fora com ela que o Brasil perdera a Copa de 1950. Paulo teve uma idéia: "O Brasil jogará com uma camisa azul, igual ao manto de Nossa Senhora Aparecida!". O dentista Mário Trigo e o tesoureiro Adolpho Marques correram o comércio de Estocolmo e conseguiram comprar as camisas azuis. Os massagistas Mário Américo e Assis passaram o dia de sábado, anterior à Final, arrancando os escudos e os números das camisas amarelas e costurando-os nas azuis.

Poucas horas antes de começar a partida, Paulo Machado chamou Mário Américo – conhecido como "pombo correio", não só pela velocidade com que corria em campo, para atender um craque lesionado, como porque, nessas idas (muitas contusões eram falsas), levava recados de Feola para os jogadores – e lhe disse: "Daqui a pouco o Brasil vai ser campeão do mundo. Eu quero a bola do jogo, que será um valioso troféu para nós. Você terá que consegui-la." Após a partida, que o Brasil ganhou de 5 a 2, no estádio de Raasunda, em Estocolmo, sagrando-se pela primeira vez campeão mundial de futebol, o juiz da partida, Mr. Guigue, colocou a bola debaixo do braço. Mário Américo veio por trás dele, deu um peteleco, a bola caiu adiante, o massagista a apanhou e saiu correndo. O Brasil ganhara o seu troféu.

O rei Gustavo Adolfo, da Suécia, numa prova de fidalguia e esportividade, desceu ao gramado e foi cumprimentar, um a um, os jogadores e membros da delegação brasileira. Nunca poderia esperar que os nossos craques rompessem todos os protocolos reais, abraçando-o amigavelmente. O soberano sueco, porém, muito simpático, ria daquela informalidade. Dada a confusão reinante, Gustavo Adolfo passara por Paulo Machado sem cumprimentá-lo. Mário Trigo, sem a mínima cerimônia, agarrou-o pelo braço e levou-o até o chefe da delegação brasileira, dizendo da forma mais inusitada possível: "Vem cá, *king*! Vem cumprimentar o nosso *chief*!"

Pouca gente sabe que a taça Jules Rimet que andou circulando pelo Rio e São Paulo, não era a verdadeira. Os paredros uruguaios, quando o Uruguai venceu a Copa de 1950, temendo que alguém pudesse rouba-la ou arranha-la, tinham mandado fazer uma réplica. Assim que Paulo Machado, na volta ao Brasil, desceu no Galeão, entregaram-na a ele. E foi essa taça que apresentaram na redação da revista **O Cruzeiro**, para onde a delegação foi raptada, antes de ir ao encontro do presidente Juscelino, num palanque na Avenida Rio Branco.

Nova descrença em 1962

Em 1962 nova descrença. Os do contra alegavam que não venceríamos a Copa do Chile porque a maioria dos nossos craques estava muito velha. Supersticioso ao extremo, Paulo Machado quis repetir tudo como em 1958. A seleção viajou no mesmo DC-8 da Panair, pilotado pelo mesmo comandante Bungner. Novamente chefe da delegação, Paulo Machado de Carvalho levou com ele a mesma imagem de Nossa Senhora Aparecida e vestiu o mesmo e bem gasto terno marrom que usara na Suécia. O grande ausente, o torcedor número um, o paraplégico Cristiano Lacorte, infelizmente falecera em 1960, depois de eleger-se vereador.

Pelé contundiu-se no segundo jogo, contra a Checoslováquia (empate em 0 a 0) e Garrincha assumiu o comando dentro de campo, ganhando pela segunda vez a taça para nós. Houve um fato lamentável. Paulo Machado, pensando que uma porta do El Retiro, onde a nossa seleção estava concentrada, estava aberta, deu com a cara no vidro e cortou todo o rosto. Mas não deixou de assistir a partida, cheio de mercúrio cromo no rosto.

Depois de apanhar bastante de um zagueiro brucutu do Chile, na semi-final (vencida pelo Brasil por 4 a 2), Mané revidou e foi expulso. Para que ele não deixasse de atuar na final, Paulo Machado e demais membros da Comissão Técnica entraram na jogada, convencendo o juiz Arturo Yamazaki, do jogo Brasil x Chile, a não carregar nas tintas na súmula e apelaram para o bandeirinha Esteban Marino – que trabalhara em 1950 como árbitro no Brasil –, a principal testemunha da agressão de Garrincha, a sumir do mapa, pagando-lhe uma passagem para Paris. Mané jogou e abafou. Brasil, 3 a 1 contra a Checoslováquia. Brasil bi-campeão.

Uma das maiores injustiças do futebol, por poucos conhecida, aconteceu com o técnico Vicente Feola. Apenas a Comissão Técnica sabia que elê sofria das coronárias. Constantemente Feola sentia terríveis dores no peito, devido a isquemia do miocárdio, mais conhecida como angina do peito. Tinha que fechar os olhos e baixar a cabeça uns dez a quinze minutos, até a dor passar. Ele foi fotografado assim, durante um jogo do Brasil, sentado no banco dos reservas, e um repórter estampou sua foto com esta legenda: "Enquanto o Brasil joga, Feola dorme."

Finalmente, veio a Copa de 1966, na Inglaterra.

Paulo Machado recusou-se a chefiar novamente a seleção e João Havelange ocupou o seu lugar. Feola, mesmo enfermo, seguiu como técnico. Depois da derrota para a Hungria, Elza Soares invadiu o escritório de Paulo Machado de Carvalho, na TV Record, e suplicou-lhe que a enviasse para Liverpool, antes do jogo com Portugal: "Comigo lá, tenho certeza que Mané toma conta do negócio, doutor Paulo." Paulo Machado mandou que ela fosse falar com Havelange.

O que menos queria Paulo Machado de Carvalho era encontrar-se com Havelange. Ele não o substituíra como chefe da delegação? Então, que resolvesse o problema. Paulo Machado de Carvalho, no entanto, sabia que, com seu jeito humano de tratar os jogadores, seria mais útil numa Copa do Mundo, do que Havelange, que vivia num mundo à parte, fazendo política de colarinho engomado.

Elza não foi. Não sabemos se ela poderia resolver o problema, mas o fato é que, na Copa de 1966, na Inglaterra, o Brasil deu vexame. Nas oitavas-de-final, de início, parecia que tudo ia bem. Jogando contra a Bulgária, o Brasil venceu de 2 a 0, gols marcados por Pelé e Garrincha. Aí enfrentou a Hungria e tomou de 3 a 1, o gol brasileiro marcado por Tostão. E aconteceu a polêmica partida com Portugal, quando Pelé foi caçado dentro de campo pela vigorosa e desleal zaga lusitana. No final, 3 a 1 para os portugueses. Garrincha, contundido, não atuou nesse jogo. E o Brasil não ficou nem nos quatro primeiros lugares. A copa foi vencida pela Inglaterra; a Alemanha Ocidental ficou com o vice; o terceiro lugar coube a Portugal e a União Soviética terminou em quatro.

Um estádio para Paulo Machado de Carvalho

O estádio paulistano do Pacaembu foi inaugurado em 27 de abril de 1940, com a presença do então Presidente da República Getúlio Vargas, do interventor paulista Adhemar de Barros e do prefeito Prestes Maia. Localizado na Praça Charles Miller, s/n, e rebatizado como Estádio Municipal Paulo Machado de Carvalho. Honra mais que merecida.

Dentro do prédio da Federação Paulista de Futebol encontra-se o museu Paulo Machado de Carvalho (Museu do Futebol). Fica no quinto andar, onde podem ser apreciados diversos e famosos artigos esportivos, inclusive a bola da Copa de 1958.

Paulo Machado de Carvalho faleceu em São Paulo, em 1992.

Rachel de Queiroz

A primeira imortal

"*Não acho graça em fazer 90 anos*", declarou Rachel de Queiroz ao saber do motivo de nossa visita. Mas recebeu-nos com a mesma fidalguia de sempre, em seu confortável apartamento no bairro carioca do Leblon.

A cada pergunta que lhe fazíamos respondia de forma sucinta, mas o assunto quase sempre lhe trazia recordações que a emocionavam, muitas carregadas de saudade. Como quando indagamos o porquê do seu entranhado amor pelo Ceará, Estado onde nasceu e, principalmente, por sua fazenda em Quixadá.

"No Ceará eu nasci. Quanto à fazenda, ela já é nossa há várias gerações. Além disso, adoro o sertão, vou ao Ceará três vezes por ano. Sertão é felicidade, liberdade, são as histórias dos meus livros."

Em 1955 Rachel e seu segundo marido, o médico Oyama de Macedo (*"Com quem vivi feliz por 40 anos"*, fez questão de dizer, visivelmente emocionada), tirando férias ao mesmo tempo, foram para Quixadá, com o propósito de construir uma casa na fazenda Não Me Deixes. Tudo foi feito com muito esforço, e Rachel mostrou-nos, em seu livro de memórias, o trecho em que recorda esses longínquos tempos: "Fizemos com gente nossa o tijolo, compramos um carro de trem de telhas lá do Baú. Foi a única coisa que não saiu da Não Me Deixes: as telhas e algumas ferragens. O resto é tudo daqui. Das matas foi tirada a madeira da casa. Oyama até que desperdiçou muito cumaru. Tínhamos descoberto um mestre, João Miguel, muito competente; o mestre me tomou amizade, fazia tudo o que queria. Oyama não entendia nada de construção, mas eu tinha as minhas tintas. E quando eu quis fazer o telhado de tacaniça, de quatro águas, igual ao do Junco e o mestre não entendia muito bem as minhas explicações, peguei uma porção de varinhas de matapasto, raspei-as e armei o telhado, as vigas, as linhas, tudo em miniatura – uma maquete de telhado. Ele ficou tão entusiasmado que, depois me contaram, guardou essa maquete durante anos e anos, "lembrança de Dona Rachel".

Homenagem antecipada

Quando a professora, jornalista, romancista, cronista e teatróloga Rachel de Queiroz fez 90 anos, as homenagens começaram bem antes da data do seu aniversário, 17 de novembro. A Academia Brasileira de Letras antecipou as festividades, inaugurando, no dia 4 de maio, a exposição "Viva Rachel", lembrando a primeira mulher a ocupar uma de suas cadeiras. A mostra era composta por 17 painéis e um ensaio fotográfico de Eduardo Simões e procurava contar a vida de Rachel de Queiroz, desde que, aos 19 anos, inaugurou a moderna literatura brasileira com o romance *"O Quinze"*. Sobre esse livro é curioso contar que naquele ano de 1930 Rachel foi submetida a rigoroso tratamento de saúde, devido a uma congestão pulmonar e suspeita de tuberculose. Vendo-se obrigada a repousar, resolveu escrever uma obra sobre a seca. Nascia, assim, o esplendido *"O Quinze"*. Seus pais emprestaram-lhe a quantia necessária para editá-lo e o romance saiu em agosto daquele ano, com uma tiragem de 1.000 exemplares. Não tendo quase nenhuma repercussão no Ceará, Rachel remeteu o livro para críticos literários do Rio e São Paulo, e ele foi elogiado por Augusto Frederico Schmidt, Graça Aranha, Mário de Andrade, Agripino Grieco e Gastão Cruls. Era a consagração! Com o dinheiro obtido com a venda de *"O Quinze"*, Rachel pagou a quantia emprestada.

É sempre difícil dizer de qual filho se gosta mais, mas você será capaz de apontar o romance que mais lhe deu prazer de escrever?

Não sei bem o que dizer, talvez tenha sido *"O Quinze"*, do tempo em que eu estava ainda em estado de inocência.

De volta às recordações. Quando *"O Quinze"* foi publicado, muitos não acreditaram que a jovem Rachel era a autora do livro, atribuindo-o à Graciliano Ramos, já que a obra saíra com um pseudônimo. Escrito nos anos 30, quando a literatura era considerada uma atividade essencialmente masculina, nem por isso Rachel sofreu algum tipo de preconceito. *"Já existiam outras escritoras brasileiras, como a Cecília Meireles, a Gilca Machado, a Lúcia Miguel Pereira, eu não fui a primeira"*, comentou.

"O Quinze", além de ser o primeiro, é o mais popular romance de Rachel de Queiroz. O título foi inspirado na terrível seca de 1915, que a menina Rachel acompanhou angustiada. O romance se dá em dois planos. Num, é enfocado o vaqueiro Chico Bento e sua família; em outro, a relação afetiva de Vicente, rude proprietário e criador de gado, e Conceição, sua culta prima professora.

A literatura lhe deu muitas alegrias? E tristezas?

Sempre encarei a literatura como uma profissão. Tristezas e alegrias vêm de outras fontes.

Ainda muito jovem, inconformada com a miséria que a cercava e a injustiça do desnível social de nosso povo, com os *coronéis* mandando e desmandando no Nordeste, Rachel de Queiroz resolveu ir à luta em defesa dos compatriotas pobres e oprimidos. Em 1930 ela ingressou no Partido Comunista Brasileiro, nele permanecendo apenas dois anos. Durante oito anos freqüentou círculos trotskistas, até que, em 1940, quando assassinaram Leon Trotsky, no México, desiludiu-se com o PC e procurou outros caminhos.

Isto não a livrou, porém, de ser uma perseguida política. Em 1937 foi presa e ficou três meses numa cela do quartel do Corpo de Bombeiros de Fortaleza.

Você foi a primeira mulher a ingressar na Academia Brasileira de Letras. Sabendo de suas opiniões contrárias a esse tipo de badalação, o que a levou a candidatar-se a uma vaga na ABL?

Academia não é uma badalação. Digamos que poderia ser o Sindicato dos Escritores.

Rachel de Queiroz foi eleita para a Cadeira nº 5, em 4 de agosto de 1977, sucedendo a Cândido Mota Filho, e foi recebida, em 4 de novembro do mesmo ano pelo acadêmico Adonias Filho.

Rachel lembrou, sorrindo, o problema do fardão, que teria de usar na posse. Discutiu-se se ela devia vestir calça ou saia. A escritora resolveu usar um vestido longo e pediu a uma estilista que criasse um fardão especial, para as reuniões semanais. Tudo muito simples, bem ao seu estilo.

Por que, Rachel?

É porque as fêmeas nunca são tão bonitas. O leão tem a juba, a leoa, não; o pavão tem a cauda, a pavoa, não.

Abertas as portas da ABL para as mulheres, atrás de Rachel vieram, com igual mérito, Dinah Silveira de Queiroz, Lygia Fagundes Telles e Nélida Piñon, que chegou a exercer a presidência da entidade.

Certa vez você declarou que gostava mais de cozinhar do que de escrever. Embora sabendo que hoje em dia está longe das panelas, ainda confirmaria aquela declaração?

Não vivo longe das panelas e continuo muito boa cozinheira.

A delícia da cozinha nordestina

O assunto levou-nos ao seu então último livro, "*Não Me Deixes – Suas Histórias e sua Cozinha*", lançado em julho daquele ano, escrito em parceria com a irmã Maria Luiza Queiroz. "*Eu cozinho muito melhor do que escrevo*", declarou Rachel.

"*Não Me Deixes*" reúne receitas do sertão, sendo um gostoso passeio pela culinária da fazenda de Quixadá, com seu fogão a lenha, os segredos das cozinheiras e os pratos típicos da região. Além disso, nessa obra, Rachel conta histórias, tão deliciosas quanto as receitas apresentadas. *"Esse livro não estava nos meus planos. Ele só saiu por insistência do editor. Mas, se sou boa cozinheira, teria que escrever sobre culinária"*, comentou. No caso, a editora foi a Mandarim.

Rachel casou duas vezes. Primeiro, com o jornalista e poeta bissexto José Auto da Cruz Oliveira, do qual se separou em 1939. Ao mudar-se para o Rio de Janeiro, em 1939, por intermédio de seu primo, o médico e escritor Pedro Nava, conheceu, em 1940, o médico Oyama de Macedo, por quem se apaixonou, passando a viver com ele. O falecimento de Oyama, em 1982, abateu-a bastante e quando tocavam no assunto ela chorava.

Para substituir a ausência de filhos, Rachel criou Maria Luiza, uma irmã 20 anos mais nova, co-autora do seu livro de receitas. *"Os filhos de Maria Luiza são meus netos. E a neta de Maria Luiza é minha bisneta"*, declarou eufórica. Mas nem por isso pretendia comemorar com eles seus 90 anos. *"Vou fugir!"*, brincou.

Em 1935, possivelmente o ano mais triste de sua vida, sua filha Clotilde, de 18 meses, morreu de septicemia e seu irmão, de 18 anos, faleceu vítima do mesmo mal. Embora desejasse, Rachel nunca mais teve filhos.

Qual a passagem da sua infância que mais a marcou? Ela teve alguma influência em sua existência futura?

Não posso dizer qual o episódio que me marcou. Digo apenas que tive uma infância feliz.

Filha de tradicional família nordestina, Rachel de Queiroz herdou algumas propriedades no sertão do Ceará. O pai era jurista e a mãe uma mulher de vasta cultura. Daí, com certeza, suas profundas raízes intelectuais. Embora nascida em 1910 em Fortaleza, quando menina Rachel dividia a infância entre a capital cearense e a fazenda, em Quixadá.

Os empregados da fazenda, lembrou no dia da entrevista, a adoravam e ela retribuía-lhes o carinho ensinando-lhe coisas úteis e boas. Como a cozinhar. Aos cinco anos Rachel já sabia preparar os mais diversos pratos típicos, por todos elogiados. Com a mãe, que abominava o mundo das panelas, aprendeu a gostar de ler, deliciando-se com os melhores escritores, como José de Alencar. Dele, ainda menina, leu *"Ubirajara"*, embora tendo dificuldade para entender o que o seu parente escrevera (José de Alencar era primo-irmão da bisavó de Rachel). As obras de Balzac e Zola leu aos 15 anos, quando a maioria das mocinhas de então se deliciavam com os melosos romances de Madame Delly.

Você conviveu com as figuras mais importantes da literatura brasileira do século XX. Seria possível citar as que mais a impressionaram e se alguma delas influenciou sua obra?

Todo escritor é mais ou menos o fruto da literatura do seu tempo. Exceção para os gênios e eu estou muito longe disso.

Convivendo com grandes intelectuais

No final de 1998 Rachel de Queiroz lançou "*Tantos Anos*" (Editora Siciliano), uma autobiografia onde conta passagens de sua vida, num estilo quase coloquial, tão do agrado dos seus leitores. "*Tantos Anos*" também teve a colaboração de sua irmã Maria Luiza, que ajudou Rachel a dar forma a trechos ditados pela escritora e lembrou-lhe fatos da infância de ambas. Esse livro pode ser lido como uma crônica do Brasil do século XX, escrita por alguém que o viveu intensamente. Período em que Rachel de Queiroz conviveu com outras e tão importantes figuras da cultura brasileira, como Manuel Bandeira, Guimarães Rosa, Mário Pedrosa e Mário de Andrade.

"*Tantos Anos*" também apresenta figuras mais populares, como Padre Cícero, que Rachel conheceu quando era professora da Escola Normal de Fortaleza e foi participar de uma banca examinadora em Juazeiro.

A consagração veio com o Prêmio da Fundação Graça Aranha, que lhe foi concedido em 1931, ano da primeira distribuição oficial de *"O Quinze"*. Aos seus 16 livros deve-se juntar uma enorme quantidade de crônicas, cujo total ela desconhecia, a maioria publicada na revista **O Cruzeiro**. Em 1988, depois que esse semanário faliu, Rachel iniciou colaboração semanal em **O Estado de S. Paulo** e no **Diário de Pernambuco**, além de peças teatrais e obras infantis. Em 1975 lançou *"Dora, Doralina"*. Só 17 anos depois, um novo romance: *"O Memorial de Maria Moura"*.

O porquê do longo intervalo?

Acho que foi devido ao preciosismo que emprego em tudo que escrevo.

O *Memorial* teve 700 laudas datilografadas, que se transformaram num livro de 482 páginas. Todas batidas numa máquina elétrica, reescrevendo longos períodos, para que a obra ficasse ao seu gosto.

Num computador daria menos trabalho.

Também acho, mas não pude comprá-lo na ocasião. Primeiro, porque um ladrão invadiu este apartamento. Com um assustador revólver encostado na minha cabeça, ele levou todas as minhas jóias e os dólares que havia guardado para a compra do computador. Depois, quando pretendia utilizar o que ti-

nha na poupança, veio o *Plano Collor* e prendeu o meu dinheiro. *Finalmente, um amigo encomendou um computador para mim com um muambeiro, mas o contrabandista foi preso.*

Você teve dois romances levados para a televisão. Ficou satisfeita com as adaptações?

Há uma diferença tão grande entre livro e televisão, que não sei responder a essa pergunta.

Muita gente do meio, no entanto, garante que Rachel não aprovou totalmente a adaptação de *"O Memorial de Maria Moura"*. Embora no contrato estivessem previstas mudanças no romance, Maria Moura, por exemplo, ordena que os outros usem de violência, porém ela nunca suja as mãos com sangue. Outra obra de Rachel de Queiroz, *"Três Marias"*, também virou novela de TV. A introdução de novos personagens a aborreceu bastante. Como a caricatura grotesca de uma judia, fanática e desagradável. *Eu tenho sangue judeu e tenho horror ao anti-semitismo. O autor da adaptação era racista e isso me irritou bastante*, declarou Rachel numa entrevista.

Embora não gostasse de comentar quanto recebeu pela adaptação do *"Memorial"*, havia quem afirmasse que foram 50 mil dólares. Carlos Manga, diretor da **TV Globo**, queria pagar no máximo 40 mil, mas terminou concordando com o preço pedido por

Rachel, que, quando necessário, sabia negociar. Como fez quando colocou toda a sua obra em leilão e terminou fechando com a editora Siciliano por 150 mil dólares.

E a saúde, Rachel?

O que mais me incomoda são os descolamentos de retina. Seis, ao todo. Deveria ir para o Guinness, o livro de recordes.

Desde 1992 sua visão era precária, impedindo-a de ir ao cinema e obrigando-a sempre a andar acompanhada.

Você tem medo da morte?

Não, mas detesto a idéia de envelhecer a ponto de ser dependente.

Vaidosa, não se deixava fotografar sem uma boa maquiagem. Quanto a informar o peso, nem pensar. Desde cedo foi incentivada a escrever. Até os 11 anos não freqüentou escola, porque os pais não acreditavam em educação formal e viajavam muito. Por isso aprendeu sozinha a ler e a escrever. O que não lhe faltava eram livros. Quando a mãe faleceu deixou-lhe 5.000 volumes.

Rachel tinha o costume de levantar-se bem cedo e gostava de receber a visita de amigos. Quando podia, comparecia às reuniões das quintas-feiras na ABL. Só dormia em rede, como boa nordestina que era, nunca tendo se adaptado a uma cama. Em números, Rachel de Queiroz escreveu 8 romances, 4 livros infanto-juvenis, 6 peças teatrais, 15 livros de crônicas, 3 antologias, 7 livros em parcerias com outros escritores, 39 traduções de famosos romances estrangeiros e 6 biografias e memórias.

Esta é uma pergunta invariavelmente feita a todos os escritores. Perdão por repeti-la, mas que conselho você daria àqueles que estão se iniciando na carreira literária?

Não sei que conselho dar. Observo apenas que é como ter voz para cantar. Sem voz não canta. Como escrevi numa crônica para **O Estado de S. Paulo**, *todos nós conhecemos pessoas inteligentes, até brilhantes em suas especialidades, mas que, por mais sabedores que sejam no seu ofício, não conseguem exprimir na palavra escrita essa sabedoria. Os grandes oradores dificilmente são bons escritores. Parece que eles necessitam do estímulo de uma audiência cativa para suas frases de efeito. O que desencadeia o seu talento não é uma página em branco, mas uma audiência presente.*

Rachel de Queiroz estreou no jornalismo em 1927, com o pseudônimo de Rita de Queiroz, publicando crônicas no jornal **O Ceará**, do qual terminou se tornando redatora. No Rio, onde residiu a partir de 1939, colaborou no **Diário de Notícias**, em **O**

Cruzeiro e em O Jornal. É enorme a lista de prêmios literários que recebeu, dos brasileiros mais importantes não faltando nenhum. Além de medalhas, como a do Mérito Militar, grau de Comendador, em 1986, e Medalha da Inconfidência, do governo de Minas Gerais, em 1989. Dentre as atividades de Rachel de Queiroz destacava-se também a de tradutora, com cerca de 40 livros vertidos para o português. Foi membro do Conselho Federal de Cultura desde a sua fundação em 1967, nele permanecendo até a sua extinção em 1989. Participou da 21ª sessão da Assembléia Geral da ONU, em 1966, onde serviu como delegada do Brasil, trabalhando principalmente na Comissão dos Direitos do Homem.

Você acha que o Brasil tem jeito, ou será eternamente "o país do futuro"?

Tenho muita fé no Brasil e nos brasileiros.

A Internet vai acabar com o livro?

Creio que nada acabará com o livro. Ele vem sobrevivendo a todas as formas de progresso.

Rachel de Queiroz faleceu em 4 de novembro de 2003, dormindo em sua rede, na cidade do Rio de Janeiro, aguardando a publicação do livro *"Visões: Maurício Albano e Rachel de Queiroz"*, uma fusão de imagens do Ceará fotografadas por Maurício com textos seus.

Villa-Lobos

O regente nacionalista

Os críticos da obra de Heitor Villa-Lobos apontam-lhe dois defeitos: prolixidade e irregularidade. No primeiro caso até que eles têm certa razão, quando se sabe que o famoso compositor brasileiro deixou mais de 1000 obras. Uma imensa coleção, que até hoje não foi totalmente catalogada. No que se refere a irregularidade seus desafetos dizem que a produção villa-lobiana tem altos e baixos, sendo composta de verdadeiras obras-primas e de trabalhos medíocres. Seus admiradores defendem Villa-Lobos culpando a rapidez com que ele compunha.

Sobre esse fato há uma história interessante, relacionada a Tom Jobim. Certa ocasião, quando o autor de Garota de Ipanema foi à casa de Villa-Lobos visitá-lo, encontrou-o compondo ao piano. A janela da sala estava aberta e lá de fora vinha o barulho ensurdecedor do trânsito e das buzinas. Dentro da residência a agitação também era grande, com gente entrando e saindo a todo instante.

– Perdoe-me, mestre, mas como o senhor pode compor com toda essa algazarra?

— O ouvido de fora não tem nada a ver com o ouvido de dentro. Além disso, minha música é algo vivo: se passar o bonde na rua, eu boto ele na minha sinfonia também, respondeu-lhe Villa Lobos.

Música dentro de casa

Heitor Villa-Lobos nasceu no dia 5 de março de 1887, na Rua Ipiranga, bairro de Laranjeiras, Rio de Janeiro. O pai, Raul Villa-Lobos, era funcionário da Biblioteca Nacional e músico nas horas vagas. A mãe, Noêmia, dona de casa.

Todos os sábados Raul reunia músicos amigos e levava-os para sua casa, para noitadas que muitas vezes se prolongavam até o dia seguinte. Nessas levas não raramente apareciam músicos profissionais e famosos, que se juntavam aos colegas amadores na maior animação.

Foi nesse ambiente que o pequeno Heitor passou a infância, aprendendo com o pai teoria musical e a tocar violoncelo. Aos seis anos de idade, como não tinha altura para isso, *seu* Raul adaptou uma viola para que o menino fosse se acostumando com o grande instrumento. Foi também nessa época, graças à tia Fifinha, que o menino Heitor conheceu os prelúdios e fugas do Cravo Bem Temperado e ficou fascinado pela obra de Johann Sebastian Bach (1685-1750), compositor alemão que o inspirou na criação de suas famosas Bachianas Brasileiras.

O trabalho do pai de Heitor levava a família a constantes viagens, não só pelo interior do Estado do Rio como para cidades de Minas Gerais. Isso, no futuro, viria a influenciar a obra de Villa-Lobos, que passava horas embevecido, ouvindo as músicas folclóricas e sertanejas dos lugares onde morava.

O choro entra em sua vida

Em 1899, aos 12 anos de idade, Heitor ficou órfão de pai. Com a morte de Raul, o jovem *Tuhú*, apelido familiar, morando no Rio de Janeiro, foi obrigado a interromper os estudos de música. Para ganhar algum dinheiro, passou a tocar violoncelo em cafés e teatros. É dessa época sua aproximação com os *chorões*, o que o levou a tocar violão.

Aos 18 anos resolveu dar o grito de liberdade e saiu viajando pelo Brasil. Com idas ao Espírito Santo, Pernambuco e Bahia, tomou contato com a cultura popular e recolheu temas folclóricos para suas futuras obras. Disposto a conhecer todo o País, viajou para o Sul e para o Centro-Oeste. Há quem diga que Villas-Lobos chegou à Amazônia, tendo ficado muito impressionado com o que viu.

Em 1910 seu sonho de viajante transformou-o em músico de uma companhia de operetas, que o levou a tocar violoncelo pelas mais diversas cidades brasileiras. Em Recife a empresa se dissolveu e Villa-

Lobos voltou à vida de andarilho solitário. Percorreu o Ceará, o Pará e até a ilha de Barbados, nas Antilhas, sempre na companhia inseparável do seu violoncelo.

Muitas e boas influências

Durante todo esse tempo, no entanto, Heitor Villa-Lobos continuava estudando, principalmente através do *"Cours de Composition Musicale"* do compositor francês Vincent d'Indy (1851-1931). Mais tarde ele confessaria que nessa época sofrera forte influência não só de d'Indy como do alemão Richard Wagner (1813-1883) e do italiano Giacomo Puccini (1858-1924).

Por essa altura Villa-Lobos já realizara uma obra digna de ser apresentada ao público. E foi o que ele fez em 1915, numa série de concertos realizados no Rio de Janeiro. Embora aplaudido por muitos, foi criticado por outros tantos. Seu nome, no entanto, era conhecido no Brasil e no Exterior. O polonês Arthur Rubinstein (1887-1982), um pianista famoso, ficou impressionado com as músicas de Villa Lobos. A tal ponto que passou a executar a Prole do Bebê em suas apresentações pelo mundo. Na época Villa-Lobos estava casado com a pianista Lucília Guimarães.

Anos mais tarde Villa-Lobos haveria de contestar os críticos que protestavam contra a modernidade de suas composições:

Não escrevo dissonante para ser moderno. De maneira nenhuma. O que escrevo é conseqüência cósmica dos estudos que fiz, da síntese a que cheguei para espelhar uma natureza como a do Brasil. Quando procurei formar a minha cultura, guiado pelo meu próprio instinto e tirocínio, verifiquei que só poderia chegar a uma conclusão de saber consciente, pesquisando, estudando obras que, à primeira vista, nada tinham de musicais. Assim, o meu primeiro livro foi o mapa do Brasil, o Brasil que eu palmilhei, cidade por cidade, Estado por Estado, floresta por floresta, perscrutando a alma de uma terra. Depois, o caráter dos homens dessa terra. Depois, as maravilhas naturais dessa terra. Prossegui, confrontando esses meus estudos com obras estrangeiras, e procurei um ponto de apoio para firmar o personalismo e a inalterabilidade das minhas idéias.

Intimidade com o Governo

Muito chegado aos homens do Governo, em 1922 Villa-Lobos foi convidado pelo político gaúcho Osvaldo Aranha (nascido em Alegrete, RS, em 1894, e falecido no Rio de Janeiro, RJ, em 1960) a participar da Semana de Arte Moderna em São Paulo, onde apresentou algumas de suas obras, não se livrando das vaias com que todos os modernistas foram brindados pelo público.

Sua amizade com políticos de prestígio fez com que a Câmara dos Deputados, em 1923, lhe concedesse uma viagem a Paris, não só para aperfeiçoar-se musicalmente mas também para dar alguns concertos. Financiado pelo Governo, Villa-Lobos ficou um ano na capital francesa, em contato com compositores do porte dos franceses Maurice Ravel (1875-1937) e Edgard Varèse (1883-1965), que terminaram seus amigos. Melhor ainda: por intermédio de Rubinstein conseguiu um editor, Max Eschig.

Com o nome feito na Europa, em 1927 Villa-Lobos voltou a Paris, onde permaneceu por mais três anos. Da capital francesa excursionou com sucesso por toda a Europa. Villa-Lobos pretendia ficar por lá para sempre, mas em 1930 veio ao Brasil para dar um concerto em São Paulo. Com ele trouxe um projeto de educação musical, que apresentou à Secretaria de Educação daquele Estado.

O projeto foi aprovado e Villa-Lobos permaneceu dois anos em São Paulo, ensinando música e canto orfeônico (coral). Num concerto que se tornou memorável ele chegou a reger 12 mil vozes. Foi convidado, então, pelo secretário de educação do Rio de

Janeiro a criar a Superintendência de Educação Musical e Artística (SEMA), que introduziu o ensino musical e o canto coral nas escolas cariocas.

O amigo de Getúlio

Villa-Lobos é vítima, então, de insidiosa e violenta campanha, seus críticos não perdoando o fato dele ter aderido francamente ao Estado Novo de Getúlio Vargas. A tal ponto que o ditador o promoveu a supervisor da educação musical em todo o País. No novo cargo ele passou a compor músicas para cerimônias públicas, geralmente de cunho político. Os estudiosos da obra de Villa-Lobos a dividem em três períodos, e esse é, com certeza, o mais criticado. O primeiro é o modernista, que corresponde à Semana de Arte Moderna e aos primeiros anos em Paris; o segundo é o oficial, das obras nacionalistas, que tanto agradavam a Getúlio Vargas; o terceiro é o neoclássico, das famosas Bachianas Brasileiras.

Sua paixão pelos corais era tanta que certa vez, em 1940, Villa-Lobos regeu 40 mil estudantes, num espetáculo grandioso realizado no estádio de São Januário, no Rio de Janeiro.

Em 1948, Villa-Lobos foi vítima de um tumor malígno, mas conseguiu salvar-se após delicada cirurgia feita nos Estados Unidos. Isto não o desanimou e assim que teve alta o maestro voltou a Paris, para reger a Orquestra da Radiodifusão Francesa. As gravações desses concertos terminaram sendo lançadas em disco pela EMI e são fundamentais para aqueles que desejam conhecer a sua obra.

Na década de 50 Villa-Lobos vivia entre o Rio e Paris, mas em setembro de 1959 o câncer agravou-se e, no dia 17 de novembro do mesmo ano, ele falecia em seu apartamento no Rio de Janeiro, aos 72 anos de idade.

Apenas umas amostras

Dada a imensidão da obra de Villa-Lobos não é possível reuni-la num simples perfil. Da primeira e vanguardeira fase são dignos de nota os Choros, principalmente os que ficaram conhecidos como de números 2, 4, 5 (Alma Brasileira), os Choros Bis e o último, o sétimo, para flauta, oboé, clarinete, saxofone, fagote, violino, violoncelo e tam-tam.

Entre obras importantes desse período temos que lembrar, também, a já citada suite Prole do Bebê, que tanto agradou a Rubinstein.

A segunda fase, por muitos denominada nacionalista, é aquela em que Villa-Lobos se volta para composições patrióticas e ufanistas, algumas até certo ponto ingênuas, que pouco acrescentam a sua obra. Entre elas o coro invocação em Defesa da Pátria, que Villa-Lobos compôs quando do embarque da FEB para a Itália. Como tema, um poema de Manuel Bandeira.

Finalmente, as Bachianas Brasileiras, nove ao todo, compostas de 1930 a 1945. Delas cabe destaque ao Trenzinho do Caipira, quarto movimento da segunda Bachiana, e à Cantilena, primeiro movimento da quinta.

Seus Prelúdios para violão, compostos em 1940, para os entendidos em música clássica estão em pé de igualdade com os de Bach. Em 1951 Villa-Lobos atendeu a um pedido do violonista Andrés Segóvia e compôs o Concerto para Violão e Orquestra, que ficou conhecido mundialmente.

É claro que estes são uns poucos exemplos da imensa e variada obra de Heitor Villa Lobos. Considerado ainda em vida o maior compositor das Américas, no ano seguinte ao seu falecimento todo o seu acervo ficou sob a guarda do Museu Villa-Lobos, criado em 22 de junho de 1960, por determinação do presidente Juscelino Kubitschek. Durante 25 anos o museu foi dirigido por sua fundadora, Arminda Villa-Lobos. É uma unidade do Instituto do Patrimônio Histórico e Artístico Nacional (IPHAN), do Ministério da Cultura.

Ele está instalado na Rua Sorocaba, 200, Botafogo, Rio de Janeiro, onde também fica a Associação de Amigos do Museu Villa-Lobos, fundada em 9 de setembro de 1987.

Projeto gráfico: *Sonia Maria de Moraes Pitombo*
Foto da capa: *Luiz Gonzaga, Juscelino Kubitscheck, Mané Garrincha e Raquel de Queiroz*
Impressão: *HR Gráfica e Editora*